目次

パリ歴史探偵

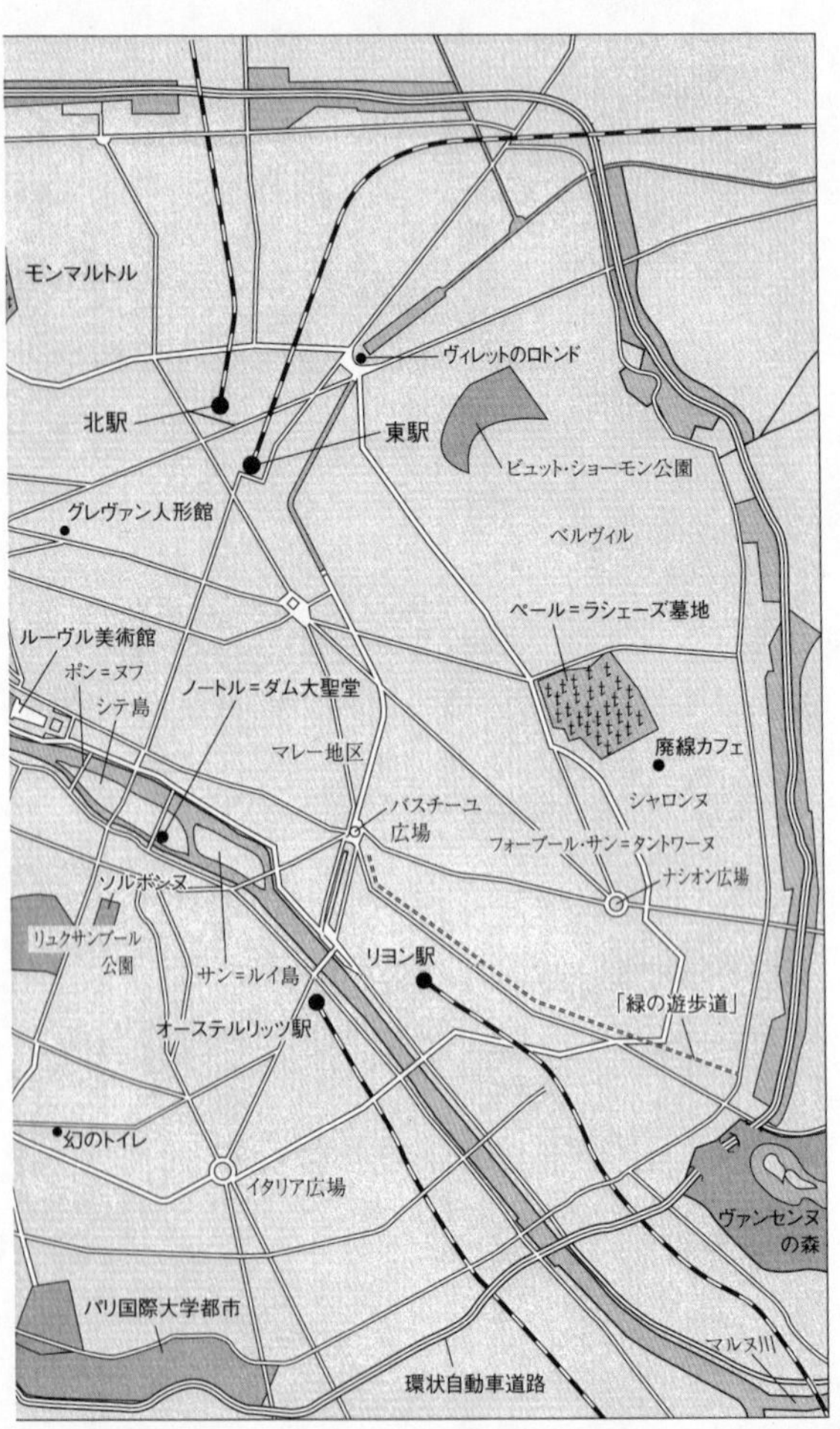
モンマルトル
ヴィレットのロトンド
北駅
東駅
ビュット・ショーモン公園
グレヴァン人形館
ベルヴィル
ペール＝ラシェーズ墓地
ルーヴル美術館
ポン＝ヌフ
シテ島
ノートル＝ダム大聖堂
マレー地区
廃線カフェ
シャロンヌ
バスチーユ
広場
フォーブール・サン＝タントワーヌ
ナシオン広場
ソルボンヌ
リュクサンブール
公園
サン＝ルイ島
リヨン駅
「緑の遊歩道」
オーステルリッツ駅
幻のトイレ
イタリア広場
ヴァンセンヌ
の森
パリ国際大学都市
マルヌ川
環状自動車道路

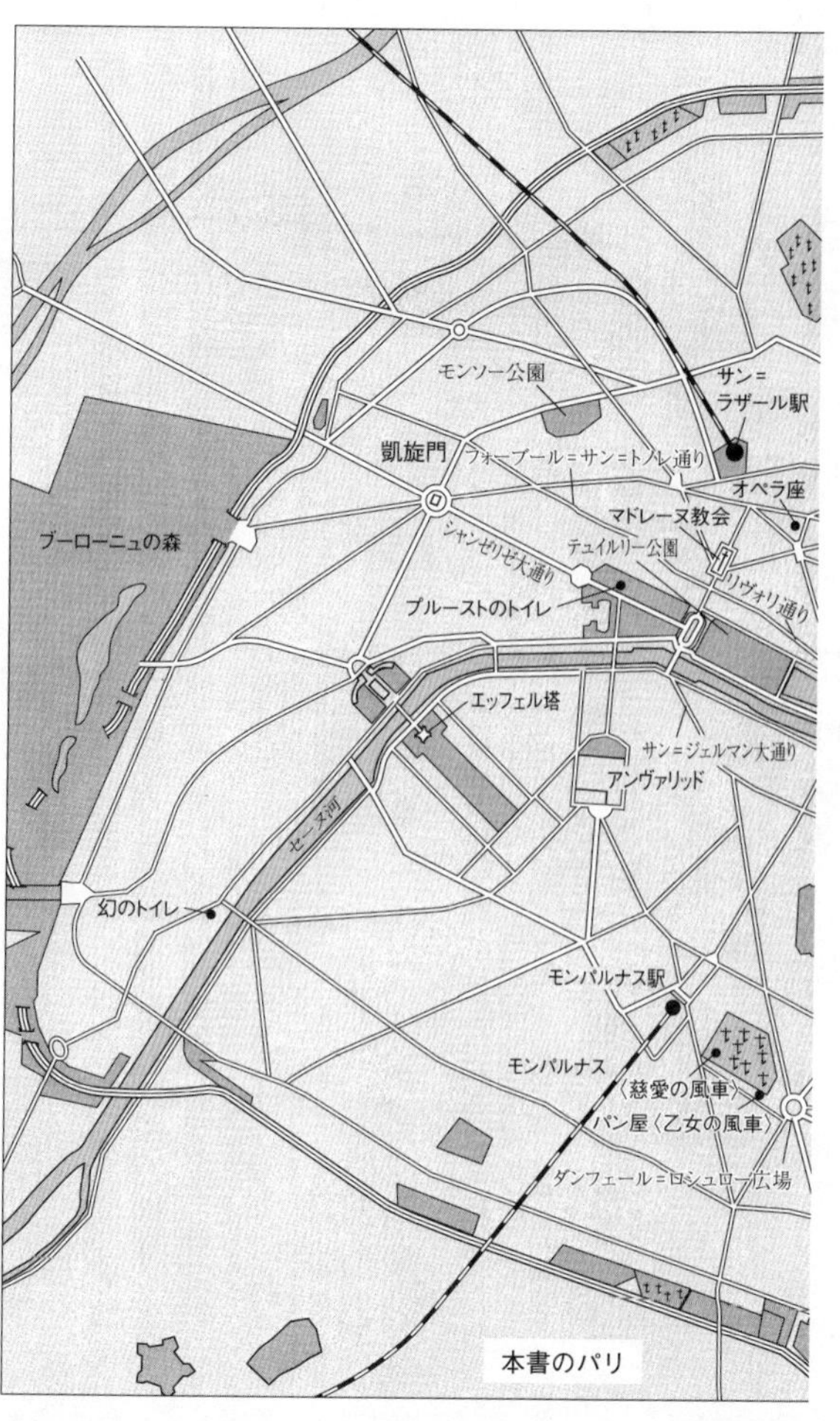
モンソー公園
サン＝
ラザール駅
凱旋門
フォーブール＝サン＝トノレ通り
オペラ座
マドレーヌ教会
ブーローニュの森
シャンゼリゼ大通り
テュイルリー公園
リヴォリ通り
プルーストのトイレ
エッフェル塔
サン＝ジェルマン大通り
アンヴァリッド
セーヌ河
幻のトイレ
モンパルナス駅
モンパルナス
〈慈愛の風車〉
パン屋〈乙女の風車〉
ダンフェール＝ロシュロー広場
本書のパリ

パリ歴史探偵

プロローグ

一九九八年から翌年にかけて、わたしはパリのフォーブール・サン＝タントワーヌに住んでいた。バスチーユ広場の東側である。すぐ近くに、シャロンヌ通りがあった。そのゆるい坂道をたどっていけば、その昔「シャロンヌ村」と呼ばれていた界隈（かいわい）に行けるから、なにかにつけてよく訪れた。名所といえばペール＝ラシェーズ墓地ぐらいのものであって、ほかにはとりわけて特徴のない「パリの田舎」だ。でも、それがいい。高い建物も少なくてほっとするし、振り返ればパリの街が遠望できる場所もある。小高いところに姿をあらわすシャロンヌ教会のベージュ色も、目にやさしかった。

なるほど友人が話してくれたように、サン＝ブレーズ通りは、ずいぶん変わってしまっていた。石畳の両側の建物は修復され、すべすべのお肌になって、〈村のレストラン〉というレストランも、心なしか名前負けしていた。それでもやはり、このあたりの鄙（ひな）びた様子は捨てがたい。もはや名前だけとはいえ、「牧場通り」や「ブドウ畑通り」があるし、「野菜栽培人（マレシエ）」なんていう駅（メトロ9号線）まで残っているのもうれしい。

その日も、わたしはバニョレ通りの、いつものカフェに行った。昔のパリに思いをはせるのには、このカフェの窓際がいちばんふさわしかった。それは、とっくの昔に廃線となった環状鉄道のシャロンヌ駅なのである。こぎたない感じだから、観光客——まあ、このあたりにはあまりやってこないのだが——が入るようなところではない。でも、うす暗い空間に入っていくと、小さなコンコースがカフェに変身していて、これがなかなか雰囲気がよろしい。しかもコーヒー一杯五フラン（一〇〇円ほど）と、格安なのだ。窓際からは、ペンペン草のはえた線路が見おろせる。この特等席でエスプレッソを啜りながら、ぼけっとして物思いにふけるのは最高だ。どこから侵入したのか、二人の若者が線路を歩いてくる。はしゃいでいて、とても楽しそうだ。

持参した『マルヴィルのパリ』を開く。セーヌ県知事オスマンによって変貌をとげていくパリの原風景を、冷静なまなざしで記録した公式カメラマンの写真集である。なにしろ七〇〇ページを越える大冊であって、ものすごく重い。でも、マルヴィルが残してくれた昔のパリを眺めて、今の姿と比較したりするのがおもしろくて、無理してでも持って歩いたりする。ただし残念ながら、写真家はシャロンヌ村を撮影してはいないのだが。

その日、『マルヴィルのパリ』で見たかったのは「パリの田舎」ではなくて、セーヌ左岸アントワーヌ＝デュボワ通りの写真なのだった。どんつきに階段が控えている、あの短い通りだ（写真①）。数日前、友人と久しぶりにレストラン〈ポリドール〉——ヘミングウェイなどが通ったことでも有名だ——に行ったときも、この階段をのぼった。オデオンのカフェで待ち合わせて、サン＝ジェルマン大通りを渡っていったのだけれど、医学校通り——写真の前景がそれで、左側の建物は、現在パリ大学医学部——を右折すると、いつもこの階段が立ちはだかる感じになる。夜中には、酔っぱらいがじゃあじゃあと用を足していたりするこの階段、なぜか気になる存在ではあった。でも正直いって、これまでは「ここは階段なんだよな」と思いながら、よいこらしょと歩いていたにすぎず、深く考えたことなどなかった。

だが今度はちがった。ムッシュー・ル・プランス通りとのあいだに、なぜ段差がなければいけないのか？　で、マルヴィルの写真集の索引でアントワーヌ＝デュボワ通りを発見して、この駅舎まで持ってきた次第。かつて、あのジャン＝ジャック・ルソーが植物採集をしたシャロンヌ村のカフェで、あらためてマルヴィルの写真集の五四五ページと対峙(たいじ)する。すると最近は隠居ぎみのわが推理機能が、めずらしくも活発に働き始めた。ときおり、ミシュランのパリ図で確認をおこなう。——なんだ、あの段差は、中世のパリの痕跡じゃないか！　いや分かってみれ

①　前方に階段が立ちはだかる、アントワーヌ＝デュボワ通り（マルヴィル撮影）。

ば、実に単純至極なことであって、中世・ルネサンスを専門にしていながら、今まで気づかなかったなんて、むしろ恥ずべきことかもしれない。でも自分としては、ちょっとした大発見なのであった。

そう思うと、いても立ってもいられない。廃線カフェをそそくさと立ち去り、七六番のバスでフォーブール・サン＝タントワーヌのわが屋根裏部屋に戻った。そして、これだけはと思って日本から送ったジャック・イレレの大冊『パリ道路歴史事典』で、確認作業をおこなった。その数日後、わたしは中世パリの城壁の実地検証に着手したのである——。

本書は、このようにして、パリの街角のさりげない光景のなかに、この都市の記憶を、あるいはこういってよければ、パリという馥郁（ふくいく）たる香りの酒瓶の底に沈んだ澱（おり）のようなものをたどろうとした試みである。「神々は細部に宿れり」もモットーにして、なかば意識的に、モニュメントとはいいがたい些細（ささい）な「モノ」をめぐるささやかなる探偵紀行を展開してみた。右に挙げた「階段」がそうだし、「公衆トイレ」という小建築物の進化の図式も、これまたマルヴィルの写真の数々を活用して披露されるはずだ。「パサージュ」めぐりにおいても、むしろ寂寞（せきばく）たる生を終えて消え去り、人々の記憶からは完全に失われた、ほとんど無名の抜け小路を発見することが話題となる。

また『パリ＝ディアマン』という一九世紀なかばのガイドブックを紹介する章では、「局留め便」といった今ではなじみの薄くなったシステムが、ランボーとヴェルレーヌの「道行き」とのからみで登場するし、「立体写真」などという懐かしいものも出てくる。

そして最後、パリ郊外の散策は、やや感傷紀行のおもむきなきにしもあらず。セーヌ河と、その支流マルヌ川のほとりを歩くわけだけれど、ここでも水辺という「記憶の場」のポジ（陽画）だけではなく、ネガ（陰画）のようなものが描かれることになろう。

では親愛なる読者よ、まずは中世のパリに飛んでみよう――

1　三つの壁、三つの時代

1　中世に飛ぶ

フィリップ・オーギュストの城壁

ヨーロッパに出現した都市の形とは、土や石の壁でがっちりと身を固め、さらには壕(ほり)を有するものであった。たとえばカエサルの『ガリア戦記』——ガリアはフランスの古名である——を読んでみると、そうした都市は oppidum と呼ばれている。語源は ops（力）＋ dō（与える）、「与力」といっても時代劇の話ではなくて、周囲に堡塁をめぐらすことを暗示していた。城壁は、ヨーロッパにおいては都市の必要条件として、とても古い歴史を秘めたものなのである。

とはいえ本格的な城壁が築かれるのは、中世になってからの話にすぎない。城壁と教会、そして定期市の開かれる広場、これが中世都市を構成する三点セットなのだった。パリとても例外ではなくて、当初は、盛り土をして柵(バール)で囲っただけだったというから、未開人の砦と大差なかった。そして、この「柵」に由来する、「バール通り」rue des Barres が今もパリに残っている。場所はセーヌ右岸の市庁舎の奥、パリ最古のファサードを誇るサン＝ジェルヴェ・サン＝プロテ教会の裏手である。石畳の微妙な傾斜が古拙な味わいを与えてくれるし、ここからのシテ島やサン＝ルイ島の眺めもすばらしい。近くのカフェに陣取って、いや懐がさびしければ教会の階段に腰かければいい、パリで最古の界隈をぼんやりと眺めながら、ゆっくりとすぎていく時間に身を委ねてみよう。この石畳の道こそ、「バール通り」にほかならない。カペー朝の王たちが、このあたりを占拠していたムーラン伯からパリを奪還し、市壁を築いたと伝えられるから、周囲の起伏は、そうした外囲いのなごりにちがいない。では、この幻の城壁があった場所を出発点として、中世のパリの遺構を訪ねてみるとしよう。

まずはやはり「フィリップ・オーギュストの城壁」を訪ねてみたい。フィリップ二世オーギュスト（在位一一八〇—一二二三年）は、ノルマンディ、南仏などにまで領土を拡大し、フランス封建王政の地固めをした君主として知られる。パリ大学の創立も、彼の治世にさかのぼる。生まれ育ったパリを愛したフィリップは、町に石畳を敷かせてもいる。むろん石の道は、ローマ時代から存在したのだけれど、この時代、それは泥濘（でいねい）のはるか下に隠れてしまっていた。道を行き交う馬車が汚泥をかきまわし、悪臭が王宮にまでただよってくることに気づいた国王は、「町のすべての道と広場を、がんじょうで硬い岩を使って舗装させること」（『サン＝ドニ修道院年代記』）を命じたのだった。

パリの美化に努めた国王は、パリ防衛の父でもあって、「この町を堅牢な城壁で囲むのだぞ、いいか」と命じると、十字軍遠征に出発していった。さっそく右岸の城壁の建造が開始される。たとえばルーヴル美術館にしても、元をただせば、フィリップ・オーギュストが築かせた砦なのだ。美術館にピラミッドから入って、「ルーヴル宮の歴史展示館」を見学してから、シュリー棟の地下室に行くと、ルーヴル城塞のありさまが分かるようになっている。厚い壁を抜けていくと、日本でいえば天守閣というか、昔の城の主塔（ドンジョン）や狭間（はざま）つきの防壁に遭遇して、その大きさに感激させられる。

よく見ると、石材にはハート形や十字架などのマークが付いていたりする。シャルトルの大聖堂でもそうなのだが、中世の石工は自分が切り出した石材に、こうしたサインをしていた。なにしろ週末には、署名の数で給金が支払われたのである。教会や大聖堂、そして城壁といった中世芸術の華としての大建築物は、いずれも匿名の作品であって、設計者の名前はまず伝わらない。彼らは神という、偉大にして広大無辺の芸術家に仕える存在だと自覚していたのだから、建造物が天に向かって屹立（きつりつ）すれば、それで十分にしあわせなのであって、作り手として自分の名前を後世に伝えようなどとは思いもしなかった。近代的な意味での「芸術家」は、まだ存在しないのだ。ところがである。そうした大きなモニュメントを子細に検討してみると、実は、名もなき石工たちが、さまざまなマークによって、これは俺が切った石だぞと自己主張している。なんとも逆説的なことではないか。芸術が無名であり、労働が有名であること、中世とはこういう時代なのであった。

さて主塔の先は「サン＝ルイ王の地下聖堂」、近年発掘された貴重な宝物が飾られている。シャルル六世（一三六八―一四二二年）がパレード用に使ったという金メッキされた銅の兜が有名だ。これは一九八四年に井戸の底から発見されたという、何百もの破片をみごとに修復したもので、王家の象徴である百合の紋章がはっきり刻印されている。

フィリップ・オーギュストの城壁。

このルーヴル城塞は、ノルマンディ公国の逆襲に備えたところの、当時としては強力な砦で、高くそびえる塔が、北西の方向をきっと睨みつけていた。そして兵士の視線のはるかかなた、ノルマンディ公領、つまりは英国王の領地の鼻先では、これまた強力なもうひとつの砦が敵を睥睨(げい)していた。これがセーヌ河を眼下の敵とばかりに望むシャトー＝ガイヤール（パリから約一〇〇キロ）だ。実は、宿敵リチャード獅子心王（ザ・ライオン・ハーテッド）がフランス軍相手に一一九六年に築かせた砦を、わがフィリップが落城させたものにほかならない（一二〇四年）。

こうしてパリをがっちりと囲んだフィリップ・オーギュストの城壁、その全長は五四〇〇メートルになる。ということは、円周率で割ってみると、当時のパリという都市の直径は約一八〇〇メートルという計算になろうか。要するに、パリの中心にあたるノートル＝ダム大聖堂近辺にいれば――もっともこのカテドラルは未完成であったのだが――、どの方角に行こうとも、一〇分ほど歩くだけで城壁の外側に出られたのだ。ヨーロッパ有数の大都市とはいうものの、当時のパリはきわめて人間的なサイズの町なのであった。ただし、この狭い空間になんと一〇万人を越える人々が住んでいたというから、ものすごい人口密度だ。さて、その城壁だけれど、幅が三メートル、高さが一〇メートルであって、一〇の市門があけられていたという。城壁のところどころは塔になって――右岸だけで四二もあった――歩哨が見張っていた。中世史の本によれば、塔と塔の間はおよそ六〇から八〇メートルで、この時代の主な武器である弩(おおゆみ)――英語の crossbow である――の射程距離がせいぜい三〇～四〇メートルであることを考慮にいれての設計だという。要するに、両方の塔から矢をはなち、敵をはさみ撃ちにしたらしい。それにしても、あのバネ仕掛けの怖い武器の射程はその程度の

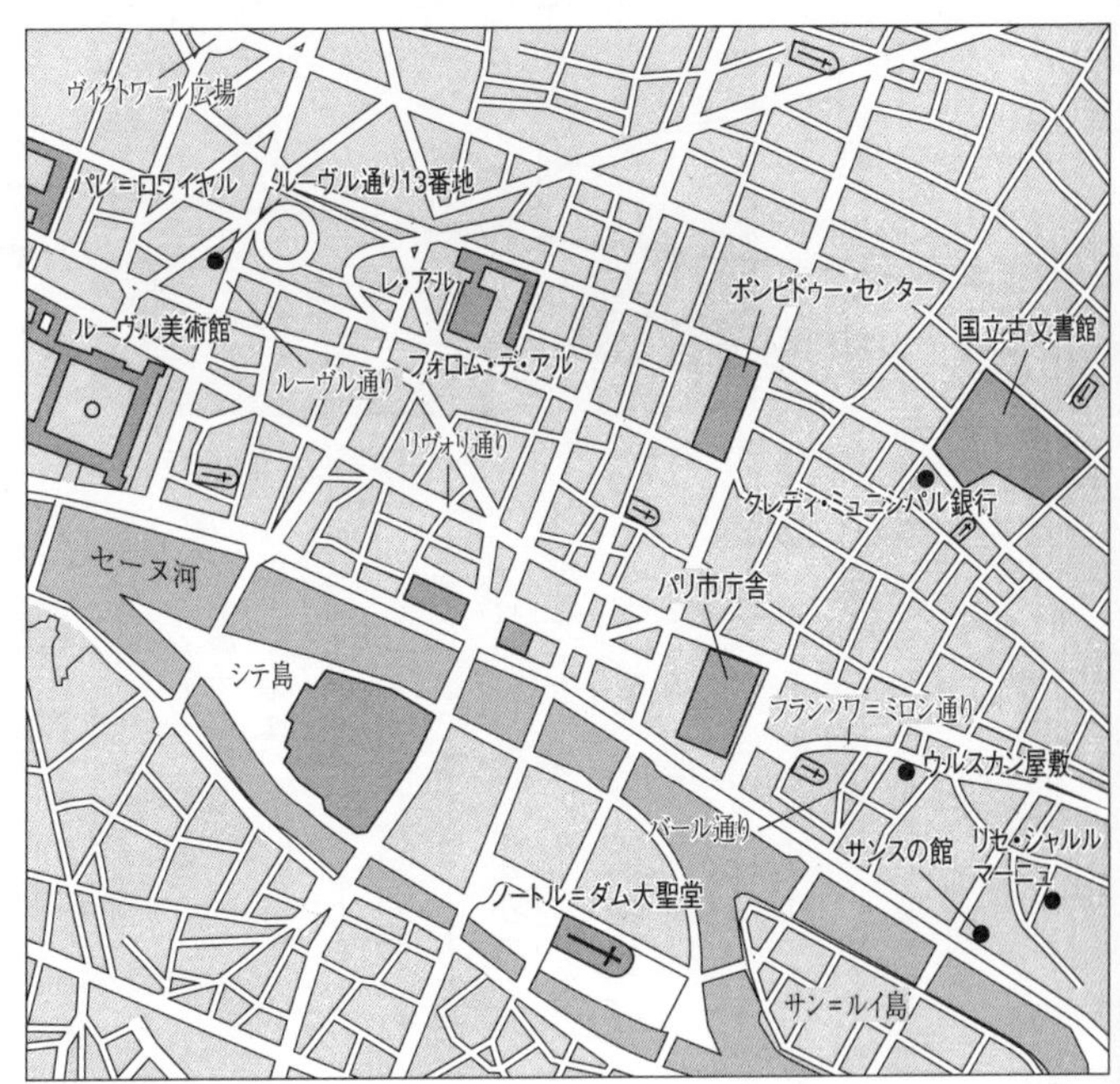

セーヌ河右岸の城壁跡をたどる。

ものにすぎなかったのか？

擬態する城壁

ともあれ、中世の旅人になったつもりで「バール通り」から歩き始めよう。われわれはすでに中世のパリに瞬間移動している。となれば現在のようなサン＝ルイ島の眺めを堪能することはできない！　古地図を見れば一目瞭然、まだ離ればなれの小島がいくつかあったにすぎないのだから。でも、そんなことは気にせずに、とにかくセーヌの岸辺を東に進もう。やがてサンスの館の先に、リセ・シャルルマーニュが見えてくる（前ページ地図）。

② リセ・シャルルマーニュ脇の城壁。

フィリップ・オーギュストの城壁はセーヌ右岸——川の上流から見て右を右岸、左を左岸という——にかなり残っていると研究書には書いてあるけれど、実際のところは、近年の改築などで壊されたり、あるいは外からは分かりにくい場所が多い。でもここでは、城壁が学校のグラウンドとの境界をなして、景観に溶けこんでいる。すっきりした形で保存された好例といえそうだ（写真②）。ここはサン＝タントワーヌ門という戦略上の拠点のそばにあたり、二本の塔が残っている。通りに面した塔のあたりには隠

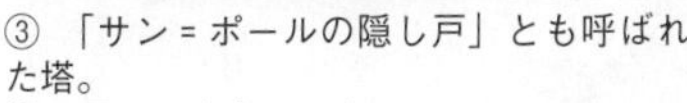

③　「サン＝ポールの隠し戸」とも呼ばれた塔。
④　石工の十字マーク。

し戸があったらしく、この塔は「サン＝ポールの隠し戸」とも呼ばれていた（写真③）。城壁のところどころに狭間が見える。あそこから矢が飛んでくるのだ。近づいて石垣を子細に眺めれば、ここにも石工の十字マークが刻みこまれている（写真④）。わたしが訪れたときは、ランニングしている女子高生（リセエンヌ）を、男子学生が冷やかして、先生に叱られていた。そして翌年、ここを通りかかるとグラウンドの半分がバスケットコートになり、男の子たちが走りまわっていた。なんだかアメリカみたいな感じだった。

　城壁の塔といえば、もっとりっぱな姿を拝むこともできる。リヴォリ通りを渡って、国立古文書館（アルシーヴ・ナショナル）まで足を延ばせばいい。でもその前に、フランソワ＝ミロン通りを抜けていきたい。その一一番地と一三番地には、木組みの模様が美しい建物がひょろっと建っている。正確には一五世紀の建築物らしいのだが、とにかくパリではめったにお目にかかれない中世の家屋であることはまちがいない。この通りの四四番地には「歴史的パリ保存協会」も置かれていて、昔のパリを主題にした本をいろいろと入手することができる。ここはシトー会に属するウルスカン修道院のパリ宿舎であったものの、財政難から建物は世俗の人間に貸し出されていたという。百年戦争の時代の借家人が、「ウルス殿」ことジャン・ロッシュであって、彼は熱心なブルゴーニュ派としてブルゴーニュ公国のジャン・サン・プール（ジャン無畏公）を後押ししていた。だが一四一三年、パリは、オルレアン王家を担ぐアルマニャック派に占領されてしまう。そこでブルゴーニュ派のブルジョワジーたちは陰謀をめぐらしたけれど、これが露見して、ウルス殿は斬首されたという。こうした歴史を秘めたウルスカン屋敷は、最近になって修復が完了した。小さな中庭からは美しい木組みをめでることができるし、ひんやりとした地下の貯蔵室では、中世の雰囲気にひたることもできる。

では国立古文書館に急ごう。その入口あたりから、南側、つまり昔の「公益質屋」（現在はクレディ・ミュニシパル銀行）本店の建物を眺めてみよう。すると、となりの建物とのあいだから、堂々たるレンガづくりの塔が顔をのぞかせているではないか（写真⑤）。これこそフィリップ・オーギュスト時代の塔の勇姿なのである。ただし、塔の上部は一九世紀の修復の際、いささか潤色しすぎてしまったものであるらしい。

やや早足の右岸探索だったけれど、最後にとびきりユニークなフィリップ・オーギュスト

⑤　クレディ・ミュニシパル銀行中庭の塔をのぞく。

⑥　ルーヴル通り13番地。城壁の塔の「化石」。

の塔をお教えする。若者でにぎわうレ・アルを抜けて、お椀をひっくりかえしたみたいな屋根をした商品取引所を越えていこう。この商品取引所だって、元々は城壁があった場所なのである。めざすはその先、ルーヴル通り一三番地。いくつかの建物の裏側がむきだしになっているが、よく見ると、壁面が丸くえぐりとられたような部分があるではないか（写真⑥）。これこそはフィリップ・オーギュストの城壁の存在を示す間接的な物証、いわばネガなのである。丸い塔を古代恐竜の足にたとえるならば、これはその化石なのだ。緑とグレーのツートンカラーのフェンスで囲まれて、今や解体工事も間近という印象だが、この痕跡こそぜひとも残しておいてほしい。

左岸の城壁に沿ってゆっくりと歩く

このようにして、中世の城壁はパリのあちこちで擬態している。それだけに、にわか探偵を気どって、見つけだす愉しみも大きいのだ。ではセーヌ左岸に渡り、幻の城壁に沿ってじっくり探索してみたい。

まずはサン＝ミシェル橋からセーヌのブキニストをひやかしながら歩いていこう。ポン＝ヌフの先がコンティ河岸で、造幣局とフランス学士院が軒を接している（31ページ地図）。左岸の城壁は、この辺から始まっていた。造幣局の壁面をなめるように見ていくと、フィリップ・オーギュストの城壁のプレートと並んで、「ネールの塔」Tour de Nesle のプレート

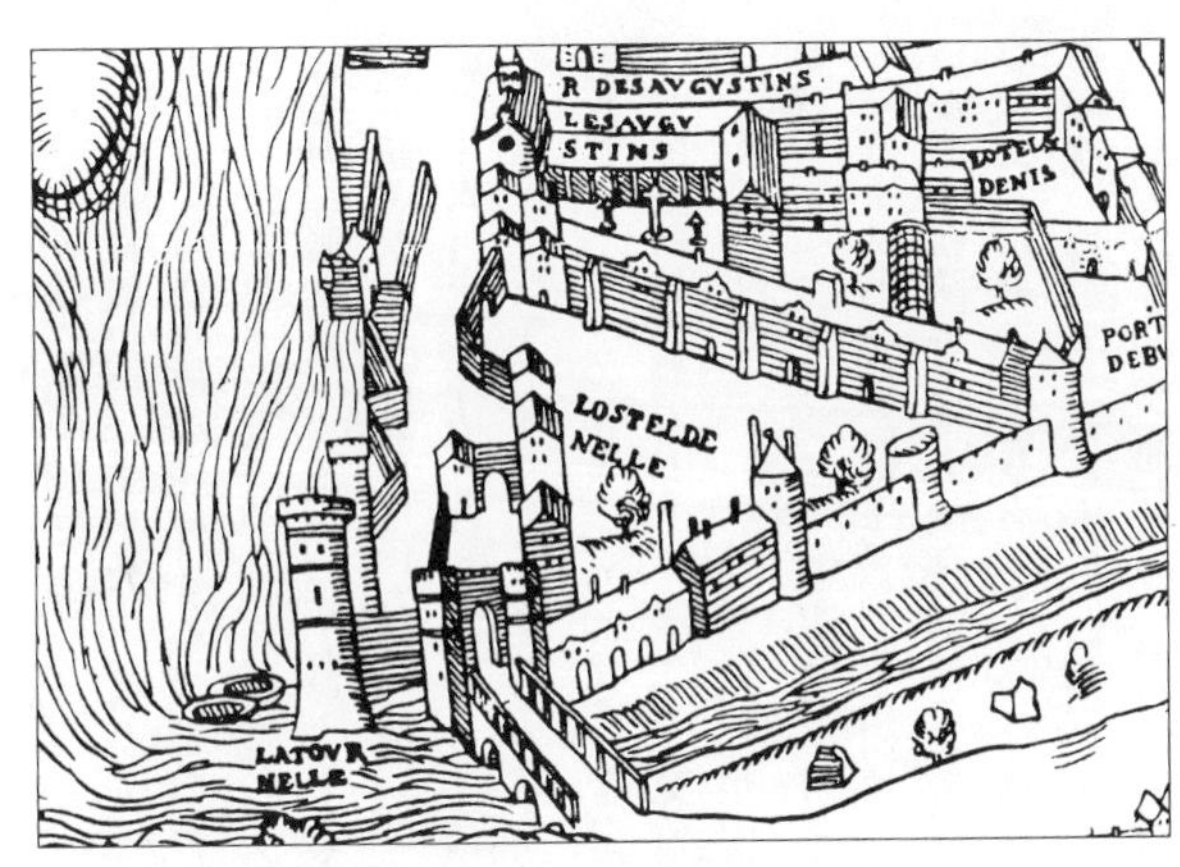

「バーゼルのパリ図」より。ネールの塔と２艘の小舟。

がある。対岸のルーヴルの砦と向かいあうようにして、首都の西側をねめつけていたこの塔から、左岸の城壁探しが開始される。ネールの塔といえば、わたしなどは即座に大好きなヴィヨンのバラードの一節が、ジョルジュ・ブラッサンスの歌声とともに浮かんでくる。

また同様に、どこにいるあの王妃
総長ビュリダンを袋に詰めて
セーヌ河へ投ぜよと命じた女王は？
いったいどこにあるんだ、去年の雪は？
（ヴィヨン「昔日の美女たちのバラード」）

それは一四世紀の言い伝え。国王フィリップ・ル・ベルのお妃さまは、ことのほか若い男が好きで、次々と恋人をつくっては恋愛遊戯を楽しむと、口封じに彼らを塔の窓からセーヌ河に投げこんでいたという。哲学者ビュリダン、後年パリ大学総長になるこの御仁も、青年時代は放蕩にふけり、王妃の誘いも断らなかった。でも、彼は用心深かった。あらかじめ干し草をしきつめた小舟を窓の下に待たせておいたのだ。おかげでセーヌに投げこまれても、無事助かったという次第。いや実は、これは王の息子の嫁たちのご乱行なのだとか、諸説が入り乱れてはいるものの、ネールの塔といえば、なんといってもこの伝説で名高い。一六世紀に作成された「バーゼルのパリ図」――この地図については、「古地図のなかのパリ」で扱う――でも、ネールの塔の下には小舟が二艘もやってあったりして(前ページ図版)、なんだか伝説につじつまを合わせたようで、うれしくなる。

では城壁の外側をパトロールする気分で、ゲネゴー通りを歩いていこう。門が開いていれば、中庭に入るといい。壁面の一部が中世の城壁になっていたりするのだ。やがてマザリーヌ通りにぶつかるから、これを左折する。ここで次ページの地図をよく見ていただきたい。マザリーヌ通りは、セーヌ河から斜めにずっと伸びているではないか。中世の城壁は、この道が描く軌跡の上にあったのだ。この線を延長していくと、メトロのオデオンのところでサン゠ジェルマン大通りを渡って、今度はムッシュー゠ル゠プランス通りと名前が変わる。このゆるい坂道も、実は中世の城壁の余韻とでもいうべきものなのである。

このマザリーヌ通り、イレレの事典を繙(ひもと)くと、その昔は「ネール堀端通り」rue des

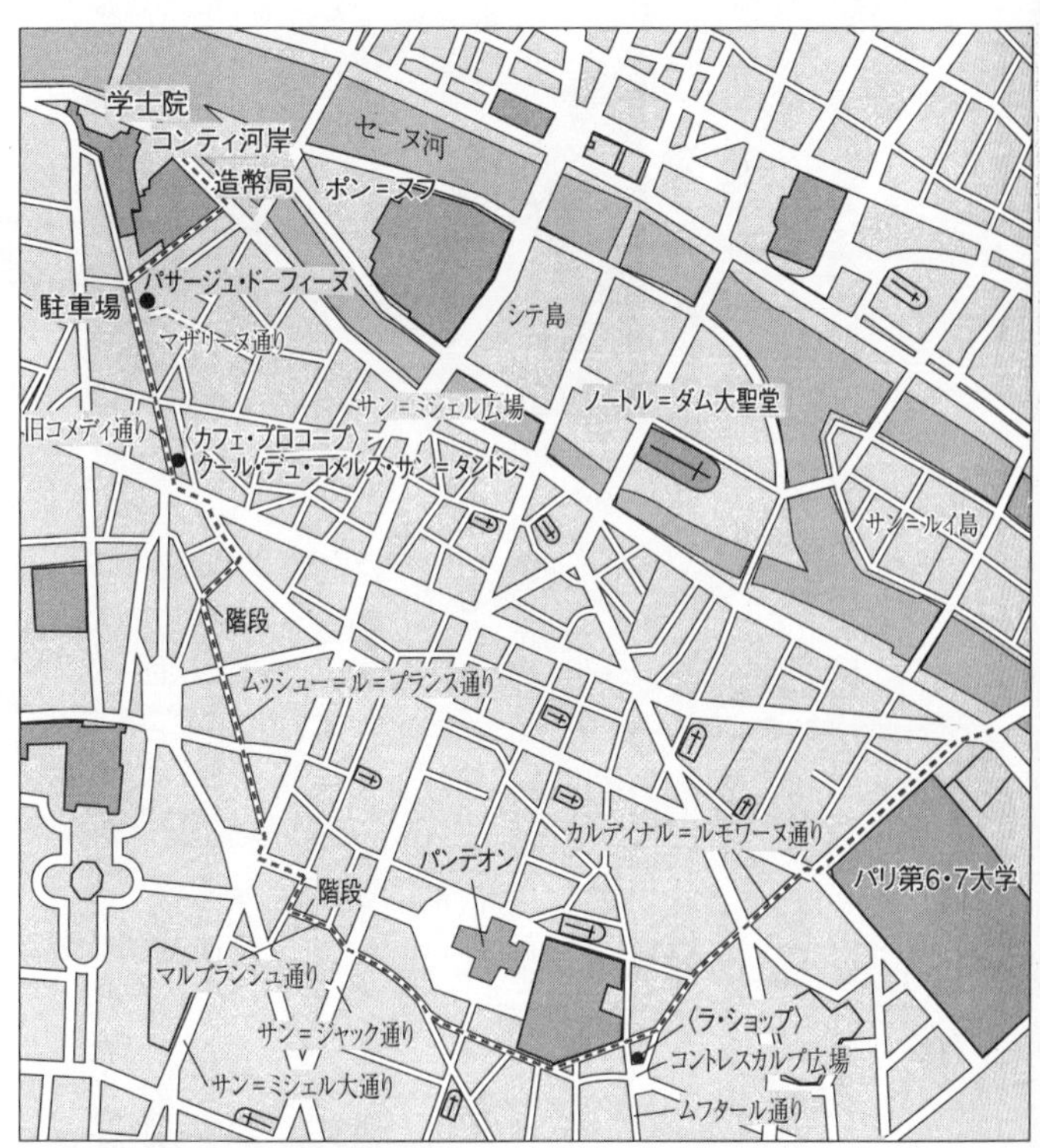

セーヌ河左岸の城壁跡をたどる。

⑦　マザリーヌ通りの地下駐車場の城壁。

Fossés-de-Nesle と呼ばれていたと判明する。シャルル五世（在位一三六四―一三八〇年）の時代に、城壁の外側に堀割がつくられたことに由来する。われわれ古きパリを愛する人間にとっては、こうした由緒ある名称を残しておいてくれた方が、よほどありがたい。ここがお堀端だったのだと、すぐ分かるではないか。このお堀は、一七世紀に埋め立てられた。宰相マザランが、この埋め立てに関与しているかどうかは知らないが。とにかく、このマザリーヌ通りの奇数番地――番地の付け方の法則は、セーヌ河を背にして道に立ち、左側が奇数、右側が偶数となる――の建物は、ことごとくお堀のあとに建てられたのである。今でも、このあたりの建物の地下は、ややじめじめしているという噂を聞いたこともある。

左手の地下駐車場に、ずんずん入っていく。気のせいかじとっとした空気だ。地下三階あたりまでおりると、パーキング・スペースの背後から城壁が忽然と姿をあらわす（写真⑦）。わたしは公共駐車場と中世の城壁という取り合わせの妙が好きで、よくここに足を運ぶし、パリに来た友人をむりやり案内したりする。この界隈には、城壁をインテリアとして活用しているブティックもある。さて、駐車場探検が終わったら、少しもどってパサージユ・ドーフィーヌに入ろう。「パサージュ」といっても、別にアーケード街ではなくて、中庭を抜けていくただの近道。でもしゃれたティールームなどもあって、とても心なごむ空間だ。ここの語学学校の大教室の壁もフィリップ・オーギュストの城壁を利用しているらしいのだけれど、残念ながらこの目で確かめたことはない。ドーフィーヌ抜け小路を出て右折したマゼ通り――これは城壁の内側の巡視路のなごりにほかならない。その先が、でこぼこの石畳が心地よいクール・デュ・コメルス・サン＝タンドレで（写真⑧）、この屋根なしパサージュにはカフェや小物の店が並んでいる。〈カフェ・マゼ〉なんか、いつでも若者でいっぱいだ。この抜け道の左側、改装中の店をのぞきこむと、グラフィティ（落書き）の向こうに中世の塔がどかんと居座っているから驚いてしまう（写真⑨）。

⑧　クール・デュ・コメルス・サン＝タンドレの石畳。

⑨　店の奥に中世の塔が！

観光客におなじみの〈カフェ・プロコープ〉もここにある。現在はレストランだが、このカフェが繁盛したのは、目の前にコメディ・フランセーズがあったからである（一六八九―一七七〇年）。「旧コメディ通り」rue de l'Ancienne-Comédie という名称は、このことに由来する（プレートあり）。その後も〈カフェ・プロコープ〉が、ロベスピエール、ダントン、次いでジョルジュ・サンドやオスカー・ワイルドたちに愛されたことは、ガイドブックにも書かれている。ここで知っておくべきは、「旧コメディ通り」が、その旧称を「サン＝ジェルマン堀割通り」rue des Fossés-St-Germain といったことなのである。そう、名は確実に体をあらわす。ここは、フィリップ・オーギュストの城壁のすぐ外側なのであった。

階段が物語る

オデオンの交差点を渡り、「医学校通り」を歩む。右手のパリ第六大学の先にはフランシスコ会修道院の一部が保存されているが（食堂など）、手前のデュボワ通りを右に折れることにする。この部分がとてもおもしろい。先の「ムッシュー＝ル＝プランス通り」に出るには、幾段かの階段をあがらなくてはいけないのだ。「プロローグ」でマルヴィルの写真をお見せしたから、ここでは現在の映像を掲げておく（写真⑩）。それにしても、なんでここだけ階段なのだろうか？　そこで、この数メートルの段差の意味を解明してみたい。「ムッシュー＝ル＝プランス通り」が失われた城壁の線上にあることは、すでに述べた。そこで歴史探偵の定石、通りの昔の名前を調べてみる。すると一四世紀には「お堀の上の道」chemin de Dessus-les-Fossés と呼ばれ、次の世紀には「サン＝ジェルマン堀割通り」に、そして

「ムッシュー＝ル＝プランス堀割通り」と次々と名前を変えてきたことが判明する。名は体をあらわす。この階段は、堀割の斜面にあたる部分につくられているにちがいない。実際、ムッシュー＝ル＝プランス通りを歩いていくと、左側には低い段差が見られるし、サン＝ミシェル大通り近くでは逆に右側が高くなっている。堀割の上にできた道だからこそ、このように微妙にかしいでいるのだ（写真⑪）。

こうした堀割の斜面の痕跡は、ほかにも見つからないだろうか？　それが、サン＝ミシェル大通りを越えたマルブランシュ通りで、とても極端なかたちで残っているのである（写真⑫）。堀の土手に作られたこの道、右半分が高くなって、階段になっているではないか。顔のしわは、その人の生きざまを刻みこんでいる。道とは、都市という顔のしわにちがいない。のっぺりした通りは、たぶんひとつの歴史しか持っていない。ひしゃげた不細工な通りにこそ、深い歴史が秘められているのではないのか。こんな思いをめぐらせながら、パリを歩きま

⑩　ムッシュー＝ル＝プランス通りに出る階段を望む。

⑪　ムッシュー＝ル＝プランス通りの奇妙な段差。

⑫　マルブランシュ通りの坂道。堀割の土手が段差に。
⑬　石に直接刻まれた道路標示が残る。

わる。わが至福の時である。

マルブランシュ通りはサン＝ジャック通りにぶつかる。その昔はこの道が、カルチエ・ラタンのメインストリートであって、左岸で「大通り」la Grande Rue といえば、サン＝ジャック通りをさしたのである。その一七二番地のプレートで、ここに「サン＝ジャック門」があったことが分かる。「大通り」を渡ると、レストラン〈ル・ポール・デュ・サリュ〉、「救いの港」という意味であろうか。いかにも昔の旅籠(はたご)の食堂といった感じの店で、日本人留学生の行きつけの場所だ。二〇世紀初頭のパリの街角をせっせと撮影したアジェも、この店を写している。その写真と比較してみれば、ほとんど変わっていない（詳しくは、大島洋『アジェのパリ』みすず書房、をぜひとも読まれたい）。少し視線を上にやると、興味深い表示が見つかる。「サン＝ジャック堀割通り RUE DES FOSSE(Z)S SAINT-JACQUES」と、プレートではなくて、建物の石にじかに刻んであるではないか（写真⑬）。一八世紀あたりのものらしい。こうやって昔の表示を探すのも、パリそぞろ歩きの魅力だ。その先の、サン＝ジャック堀割通りからトゥアン通りにかけてのなんとも微妙なる曲がり具合、これまた中世の城壁が描いていたカーブの残像にほかならない。途中のエストラパード広場では、その昔、犯罪をおかした兵士や脱走した兵士を、「吊り落としの刑（エストラパード）」に処していた。手足がばらばらに砕け散るまで、綱に吊した罪人を何度も何度も落下させたというからおそろしい。

コントレスカルプ広場にて

このあたりも、扉でもあいていれば、中庭に城壁の跡が残っていたりするけれど、ダメな場合はあきらめて、コントレスカルプ広場のカフェ〈ラ・ショップ〉でひと休みしよう。ここはその昔は、ちょうどサン＝マルセル門（ボルデル門とも呼ばれた）を出た場所にあたっていた。ところで、この広場の表記、本家ミシュランのパリガイド日本版も含めて、どれも「コントルスカルプ」としているけれど、それはちがう。フランス語の音綴（おんてつ）の区切り方と発音との関係をしっかりと身につけていれば、Con/tres/car/pe と分綴できて、「コントレスカルプ」と発音することが分かるはずだ。いや別に、こんな場所でフランス語の授業を始めるつもりなどない。実は、ここでも名は体をあらわすのであって、「コントレスカルプ」とは、まさに「お堀の外側の斜面」という意味にほかならないのだ。すぐ近くの韓国料理店に行くとき、ブランヴィル通りの坂道をのぼるけれど、これがお堀の斜面の痕跡にちがいない。さっき通ったマゼ通りのあたりだって、昔はコントレスカルプ通りと呼ばれていた。

われわれがひと休みしている、広場北側のカフェは、昔の名前を〈カフェ・デ・ザマトゥール〉といった。近所の酔いどれが集まって、すえたようなにおいが漂うカフェだから、自分は寄りつかないんだと、ヘミングウェイがパリ本の聖典『移動祝祭日』冒頭で描き出したことで有名な店である。日本におけるフランス文学の鼻祖ともいえる辰野隆も、「コントレスカルプという汚らしい辻がある。辻の中央には共同便所があり、一軒の珈琲店があるきりで、周囲の細民の家屋で取りまかれている。（中略）ひどく不潔な感じがする」と書いていたが、「それでいて、やっぱり絵になる」と付け加えることを忘れない（「巴里の散策」）。辰野のいう「一軒の珈琲店」、これも〈カフェ・デ・ザマトゥール〉にちがいない。今では共同便所こそないものの、以前はよく、広場のまんなかで浮浪者(クロシャール)が昼間から酒盛りをしていた。

広場から南にくだる坂道が、ムフタール通り。ヘミングウェイによると、この界隈には、真夜中になると、汲み取りの馬車がやってきたという。茶色と黄色の車体がホースを引いて移動するさまは、ジョルジュ・ブラックの絵みたいだけれど、あたりには悪臭が立ちこめるからかなわないというのだ。現在では、買い物客や観光客でにぎわうムフタール界隈は、そもそも悪臭と縁が深い。かつてこの地区はビエーヴル川の水をつかった染物業が盛んで、強烈な臭いが立ちこめていた。ムフタールの語源の mofette とは「窒息しそうな臭い」とか「スカンク」を意味する。要するにムフタール通りとは、「悪臭ぷんぷん通り」ということなのであって、ここでも名が体をあらわしていた。もちろん今では、少しもそんなことはなくて、むしろ人々の心を癒してくれる親密な空気がただよう街になっている。わたしなど、〈ラ・ショップ〉を待ち合わせにつかったりする。

中世のパリにいるはずなのに、ついつい大好きな『移動祝祭日』の空間に瞬間移動してしまった。ひと休みしたら、ヘミングウェイが住んでいた建物を横目に見ながら、カルディナル＝ルモワーヌ通りを下りていこう。すると右側六五番地の通りの名称を記した青いプレートの上に、「元のサン＝ヴィクトール堀割通り」というプレートがあるではないか。ここもまた、お堀のあとに作られた道なのであった。このあたりは、中世の城壁がいくつも残っていることで名高い。たと

⑭　クローヴィス通りの城壁。ガイドブックでもおなじみの場所。中庭から見ると、もっとよく分かる。

えばクローヴィス通りに入った左側には城壁がそびえたって（写真⑭）、「フィリップ・オーギュストの城壁の遺構。一二世紀」というプレートがはめられている。重箱の隅をつつくようで気がひけるけれど、ここでひとこと。厳密にいえば「一二世紀」は「一三世紀」が正しい。たしかに城壁の造成が開始されたのは一二世紀末なのではあるが、左岸の工事は一二〇九年から一三年にかけておこなわれたと分かっているのだから。城壁の底部は三メートル、高さが一〇メートルと物の本に書かれているが、大体そのぐらいであろうか。この個所の遺構で興味深いのは、城壁の内部が露出していることではないのか。これを見るかぎり、フィリップ・オーギュストの城壁は、ピラミッドみたいに切り石を積み上げたのではなくて、外部だけに石を積んで、内部にはバラスをつめて、漆喰（しっくい）かなんかで固めたものであるらしい。

⑮　消防署の建物に組み込まれた中世の城壁。

そのほか、クローヴィス通り七番地、カルディナル＝ルモワーヌ通り六二番地にも城壁が残されているから、中庭に入っていけばいい。なにかいわれたら、だまって壁の方を指させば、相手も「ウィ、ウィ」とうなずいてくれる。左岸城壁ツアーの最後、それはカルディナル＝ルモワーヌ通りの五〇番地である。改築された消防署の建物に、中世の壁がうまく組みこんであるのに感心する（写真⑮）。学校通り rue des Ecoles を渡って、サン＝ベルナール堀割通りを進む。パリ第六・第七大学の威圧感ある建物、それとは対照的に光あふれるアラブ世界研究所の建物を右手に見ながら、ゴール地点のトゥルネル河岸に到着する。城壁の東端には「トゥルネル塔」がそびえていたのだが、悲しいかな、なんの面影も探し出すことができなかった。

2　古地図のなかのパリ

シャルル五世の城壁

さて今度は、何世紀かタイムスリップして、ルネサンス時代のパリを上空から眺めてみよう。これは一六世紀なかばに作成された「バーゼルのパリ図」と呼ばれる有名なものである（大きさは縦九六センチ、横一三三センチ。42～43ページ図版）。八枚の木版を一枚のパリ図に仕上げて、手で彩色した都市図の傑作といわれている。別にバーゼルでつくられたわけではなく、一九世紀末にバーゼル大学の図書館で発見されたから、こうした名前で呼ばれているにすぎない。実際はパリのモントルグーユ街（レ・アルのすぐ北）の工房で作成された地図で、ルネサンス時代にはこの界隈に印刷工房・版画工房が集まっていて、絵入り瓦版など

DE PARIS
Icy eſt le vray pourtraict naturel de la ville, cité, vniuerſité
FAVO NIVS

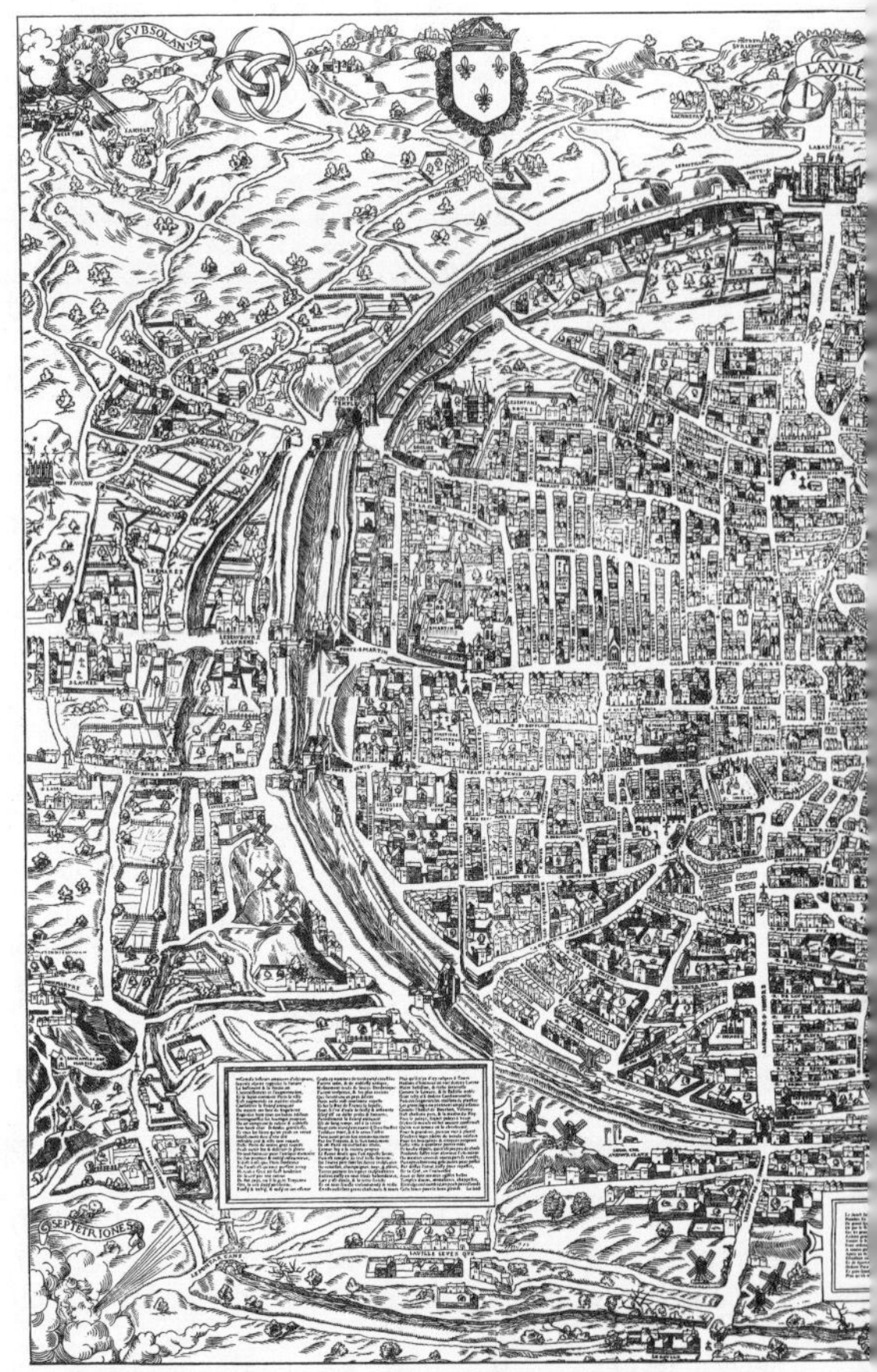

「バーゼルのパリ図」(96×133cm)。本物は手で彩色してある。右端の中ほどに「ゴブラン家の風車」が2基見える。

を世間に送り出していたのである。

この地図でまず注意しておくべきは、左側が北になっていることである――「地図の上が北」というルールは、まだ確立していなかったのだ。そしてまた、古地図のリアリティの質にも注意が必要だ。このパリ図、中心部はかなりリアルなものといえようが、はじっこにいけばいくほど、誇張というか、作為というか、現実とはかけ離れた描き方が目立つ。たとえば地図の上――実際は東――、バスチーユ砦のすぐ外にサン＝タントワーヌ修道院（現在のサン＝タントワーヌ病院）が描かれているが（45ページ図版上）、実際は一キロ近く離れていたのだ。ヴァンセンヌの森だって、そんなに近くにあるわけがない。

今度は、下側に目を移そう。いくらなんでもセーヌ河が下辺で、こんなに曲尺（かねじゃく）みたいに曲がっているわけがない。下部のシャイヨや、右下のオートゥイユといった近郊の村を収めんがための算段なのであった（45ページ図版下）。このように古地図においては、四角い空間に必須のアイテムを収めるために、いわば苦肉の策がほどこされていることをしっかり覚えておきたい。

では地図を眺めながら、中世末からルネサンスのパリを思い浮かべてみよう。水をたたえたお堀をぐるりと見ていくと、右岸の城壁の方がひとまわり大きいことに気づく。「賢き王」と呼ばれたシャルル五世（在位一三六四―一三八〇年）は、セーヌ右岸には新しい城壁を築かせた。このシャルル五世の城壁や堀割の記憶も、段差などに変身して、右岸に残され

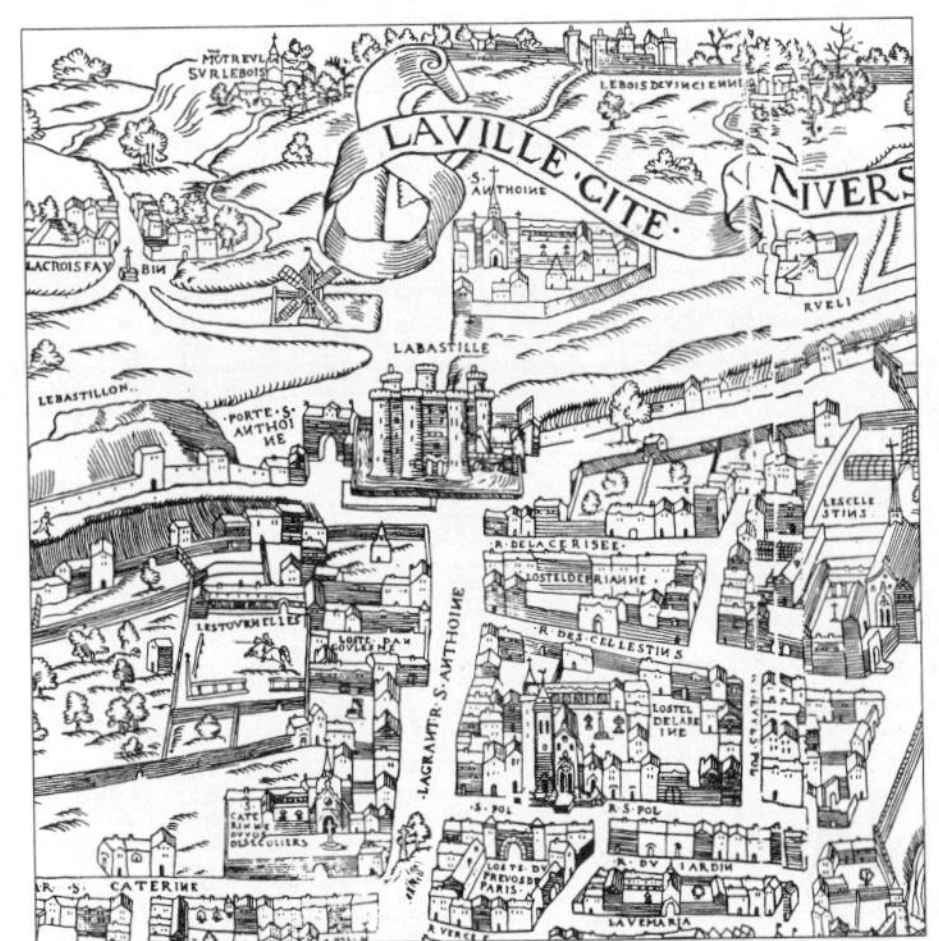

「バーゼルのパリ図」より。サン＝タントワーヌ修道院、ヴァンセンヌの森がすぐ近くに。

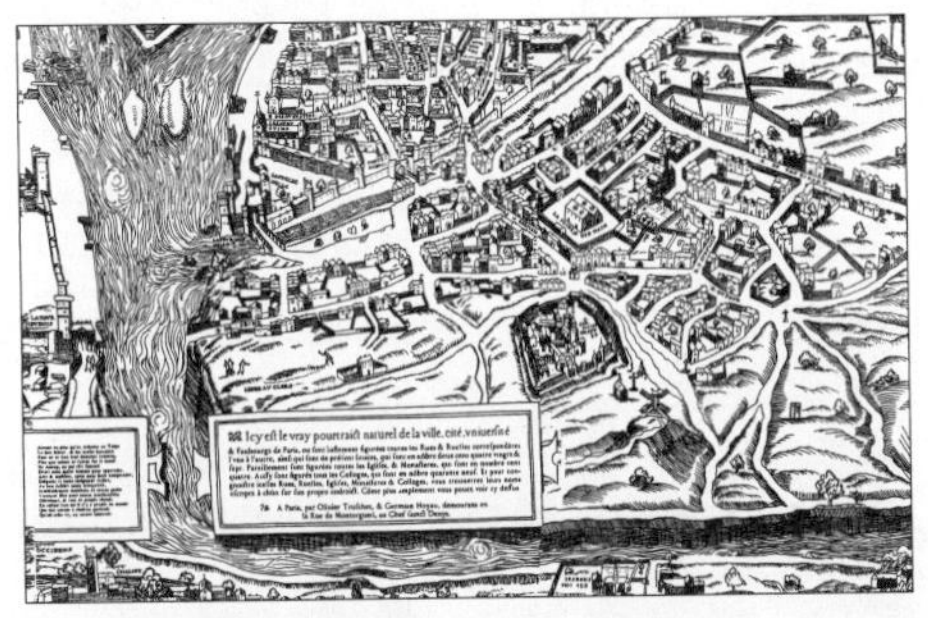

「バーゼルのパリ図」より。シャイヨ村やオートゥイユ村を収めるため、直角に折れ曲がるセーヌ河。

ているから、各自で探索されることをおすすめする。とりあえずはバスチーユ広場の北、アムロ通りを、サーカス小屋〈シルク・ディヴェール〉まで歩いてみると段差がよくわかる。

ところが一方の左岸といえば、フィリップ・オーギュストの城壁の補強にとどめて、堀割を構築して済ませたのである。セーヌ右岸は、市街地が拡大を続けていた。課税台帳から逆算すると、人口の八割が「町（ヴィル）」と呼ばれた右岸に集中していたというから、こちらの新城壁を優先するのは当然の理屈であった。これに対して、「シテ島」には一割弱が住んでいたというから、差引勘定してみれば、通称「大学」つまりセーヌ左岸の人口は、わずか一割強にすぎなかったことになる。こうした次第で、左岸という、大学と修道院に象徴される地区の都市化は、右岸に比べれば完全に周回遅れなのである。

「賢き王」は、美しきパリの演出家でもあった。ノートル＝ダム大聖堂の修復に続いて、ルーヴルの大改造にも着手した。今やルーヴルは市壁の内側となってしまい、首都防衛の砦としての機能はもはや意味をなさないから、王はここを居住可能な城として改築させた。ただし堀割の水は抜かずに、非常時の王侯貴顕の避難場所としての機能も残したという。この新たなルーヴル宮の壮麗なる姿は、《ベリー公のいとも豪華なる時禱書（じとうしょ）》など、当時のミニアチュールからうかがうことができる。国王はその北西の角の塔を書庫に改造して、豪華な写本類を集めた。これが有名な「シャルル五世の図書室」である。

シャルル五世は、パリ東部の守備も怠らなかった。もちろんマレー地区のサン＝ポールの館（現存せず）が国王の居所のひとつであったことが、大きな理由である。そこで新しい市壁を構築させた際に、サン＝ポールの館の外側、すなわちシテ島をはさんでルーヴル砦と対称をなすような地点に要塞をつくらせた。また、近くのサン＝タントワーヌ門を二つの塔で補強した。これがバスチーユにほかならず、bastilleとは本来は「砦」を意味する普通名詞にすぎないのだ。やがてバスチーユは国事犯などの監獄となって、「鉄仮面伝説」を生むのだし、下獄したサド侯爵には『ソドムの百二十日』執筆の場所を提供するのである。革命によりバスチーユは破壊されたが、その後ナポレオンが、ここにブロンズの巨象を置くことを思いついた。広場では、木と漆喰の巨大な象の模型が亡霊のようにたたずみ、雨風に打たれていた。ユゴー『レ・ミゼラブル』の愛読者には忘れがたいであろう。浮浪児となったガヴロッシュ Gavroche（現在では「わんぱく小僧」という意味の普通名詞）は、巨象の前足にある秘密の入口を使って、この張りぼての胴体を住みかにしていたのだから（第四部）。やがて七月革命を記念して、「七月の円柱」――ユゴーはたしか「暖炉の煙突」と皮肉った――が建てられて、現在ではライトアップされている。

　では壊されてしまったバスチーユ砦の遺構を探してみよう。まずは広場に立って地面に目を凝らしてみると、ところどころ石畳の上に線が引かれている。五角形の要塞の輪郭を示しているのだ。いや、バスチーユ本体が見たいというのなら、メトロ5号線ボビニー行きホームに、お堀の斜面（コントレスカルプ）がなかばむきだしの形で保存されている。パリ旅行者も、この駅でよく乗

⑯　移築・保存されたバスチーユ砦のなごり（アンリ＝ガリ辻公園）。

り換えるから、おなじみかもしれない。ついでにメトロのシュリ＝モルラン駅まで歩いていこう。五分ほどで着く。シュリ橋からのサン＝ルイ島とノートル＝ダム聖堂の眺めを味わったあとで、そばの辻公園に行けば、地下鉄工事のときに掘り出された塔の一部が保存されている（写真⑯）。いや、なんといってもバスチーユはフランス革命の原点なのだからという読者は、サン＝タントワーヌ通りを少し戻って五番地に行くこと。「ここがバスチーユの前庭であった。一七八九年七月一四日、包囲軍はここから砦に侵攻したのである……」と書かれている。

地図の予言、ノストラダムスの予言

シャルル五世が居住したサン＝ポールの館は狭くて、風通しも悪かったらしい。そこで国王は、サン＝タントワーヌ通りの北側のトゥルネルの館に移った。やがて一六世紀を迎えると、フランソワ一世はルーヴル宮を最重要の王宮と定めて、サン＝ポール館の敷地を貴族に譲渡してしまう。かくしてマレー地区ではトゥルネル館だけが、実質的な王宮としての機能を残す。ルーヴル宮改築という事情もあって、治世の多くをこのトゥルネル宮ですごしたのがアンリ二世（一五一九―一五五九年）である。

時は、一五五九年六月三〇日。長年続いたスペインとの戦争の終結と政略結婚の成立とを祝って、トゥルネル宮前のサン＝タントワーヌ通りには仮柵が設けられ、騎乗槍試合が開催された。アンリ二世は儀仗隊長モンゴメリーとの親善試合を所望する。いったんは固辞したものの、モンゴメリーは国王と干戈（かんか）をまじえることとなった。ところが、あろうことか、両者がぶつかりあった際にモンゴメリーの槍が折れて王の目に刺さり、脳にまで達してしまった。国王はただちにトゥルネル宮に移送され、アンブロワーズ・パレなどの名医が治療にあたったものの、七月一〇日に死去してしまう。これぞ国家の一大事である。

トゥルネル宮の中庭で、ひとり槍試合の練習にはげむ男。

では「バーゼルのパリ図」を見てみよう（上図）。なんとトゥルネル宮の中庭で、ひとり黙々と槍試合の練習にはげむ人物がいるではないか！　わたしには、一六世紀なかばに制作されたこの地図が、国王アンリ二世の死を予言しているように思えてしかたがないのだ。予言――ノストラダムスの

『大予言』初版がリヨンで刊行されたのも、少し前のことであった（一五五五年）。著者ノストラダムスが一五五〇年にリヨンを訪れたときのことを、地元の商人がこう書き留めている。

サロン・アン・プロヴァンスのミシェル・ド・ノートルダムなる占星学者が当市に立ち寄った。彼は手相占い・数学・占星術に造詣の深い人物であって、過去のことを語るのみならず、未来に関しても、特定の人々について重大なことがらを予言し、人の心を透視する。そして宮廷におもむいて国王に意見を求められると、陰謀がめぐらされていることが危惧されますとも答えたという。国王陛下が八月二五日以前に首をはねられる危険が大いにございますといったらしいのだ。（ジャン・ゲロー『リヨン年代記』）

王妃カトリーヌ・ド・メディシスは占星術に凝っていたから、ノストラダムスをパリに呼び寄せて、占ってもらったらしい。アンリ二世の死に接した王妃は、ひょっとすると「若き獅子が老いたる獅子を打ち倒さん、／戦場にて一騎打ちの果て」（『ノストラダムス予言集』岩波書店）といった予言の一節を思い浮かべたのかもしれない。ともあれ悲報は、すぐさま各地に伝えられた。リヨン商人の日録にはこうある。

一五五九年六月末日金曜日。国王アンリ殿は、ふたつの婚儀を祝して馬上槍試合をなされた。妹イザボー様とスペイン王（＝フェリペ二世）の婚礼、ならびにサヴォワ公と王妹マルグリット・ド・フランス様の婚礼であった。槍試合の当日、国王は兜の面頬に槍の一撃を受けて、これがまがまがしき災いとなり、七月一〇日に崩御なされた。槍の一撃を与えてしまったロルジュ殿の息子（＝モンゴメリー）は、すぐさまヴェネツィアに隠遁したという。その父親は、苦悩のあまり絶命したとのこと。国王は、槍試合においてりっぱな騎士としての義務を果たしたのだからといって、ロルジュ殿の息子を許し、いかなる沙汰をも禁じたのではあったが。（ジャン・ゲロー『リヨン年代記』）

このモンゴメリーが一時幽閉されたのが、「サン＝ポールの隠し戸」の塔、つまりリセ・シャルルマーニュに残る、あの塔なのだった（25ページ写真③）。世継ぎのフランソワ二世も夭折して、息子のシャルル九世をかついだカトリーヌ・ド・メディシスはマキャヴェリズムを駆使して、時代を率いていく。こうしていわゆる「宗教戦争」（一五六二―一五九八年）の引き金となったのだから、アンリ二世の死こそ、フランス史上、もっとも大きな事故のひとつといえよう。ではトゥルネル宮はどうなったのか？　これぞ忌まわしき建物なりとして、カトリーヌ・ド・メディシス命令で取り壊されてしまったのである。

やがてナントの王令（一五九八年）によって宗教戦争を終結させたアンリ四世は、憔悴した国土回復のシンボルとして、国王権力を表象する都市プランを構想する。その典型が、ポン＝ヌフならびに三角形のドーフィーヌ広場であって、橋の中央にはアンリ四世騎馬像が建てられた。もうひとつが、あのまがまがしきトゥルネル宮の跡地であって、ここには「国王広場」la Place Royaleという幾何学的な美をそなえた広場が、パリで初めて誕生したのである（ヴォージュ広場と改称されたのは革命後）。「広場が、わが都市の住民たちが散策するのに、あるいは祝祭の日など、必要な際に活用されることを強く願って」と、王令に述べられているように、公共空間の機能を明確に意識したプランが実現されて、広場を取り囲むアーケードとシンプルで優美な建築物の組み合わせは、現在も訪れる者の目を飽きさせることがない。急勾配の黒い屋根と、茶色い煉瓦、そして白亜の石の建物が、心をいやしてくれる。槍試合による国王の事故死が、皮肉なことに、美しい正方形の広場を生んだともいえよう。

ゴブラン屋敷を訪ねる

ムフタール界隈の悪臭の原因が、ビエーヴル川を利用した染色にあることは、すでに述べた（ビエーヴルとはビーバーのことで、昔は、川の上流にこの齧歯(げっし)類が生息していたらしい）。パリ鳥瞰(ちょうかん)図を見ると、現在では暗渠(あんきょ)となったビエーヴル川の流れが分かる。川沿いのサン＝マルセル地区には、染物業者や皮なめし業者が軒をつらねていたのだ。

「ゴブラン織り」で有名な、ゴブラン家もそのひとつである。ビエーヴル川の水を使った、みごとな色調の織物を考案したことで、一族は繁栄を築いたのだけれど、あの微妙な臙脂色を出すには、ひとつの秘訣があったという。染色前に、脱脂剤としてアンモニア、つまり尿をかける工程が欠かせなかったのだ。そのために工房の職人には特別メニューを提供して、特別な（?）尿を採取したという。死刑囚が刑の執行を免除される代償として、尿の生産に奉仕したとか、カルチエ・ラタンの学生が、上質ワインをごほうびに、尿作りに励んだという話まである。

フランス・ルネサンスの作家ラブレー（一四八四―一五五三年）は、このゴブラン織り神話をビエーヴル川には効験あらたかな尿分が含まれているからというふうに脚色する。こんな縁起話を披露するのだ（『パンタグリュエル』二二章）。貴婦人を口説こうとしてひじ鉄を食らったパニュルジュが、仕返しを考える。さかりのついたメス犬の子宮を取り出して媚薬を調合し、これをマダムの服にふりかけたのだ。するとパリ中のオス犬が寄ってきて、彼女を追いかけまわし、おしっこを垂れながしたという。犬たちのおしっこの効能のおかげで、「ゴブラン家は、布をみごとな臙脂色に染めているのです」というのが、この縁起話の落ちとなっている。

このゴブラン家、りっぱな風車を所有していたし、どうやら郊外には豪邸を所有していたらしい。ラブレーにこう出てくる。

「パンタグリュエルはある日のこと、勉強のあいまの息抜きにでもと、サン＝マルセル場末町の方に散歩にでかけた。《フォリー・ゴブラン》la Folie Gobelin を見物するためである」（『パンタグリュエル』一五章）

「フォリー」の語源はそもそもラテン語の folia（葉っぱ）であり、パリのブルジョワや貴族が所有するところの緑なす郊外の屋敷を意味していた。一八世紀を迎えると、パリの外縁部に「しゃれた別荘（フォリー）」を所有するのがブームとなっている。たとえばブーローニュの西端にあって、英国式庭園と四季折々の花で人気の公園「バガテル」Bagatelle もそのひとつだ。お昼どき、木立に囲まれた、なんだか軽井沢のホテルのような建物のレストランに行くと、品のいい紳士淑女が静かに語らいながら、ゆったりと食事している。あたかもプルーストの小説の世界に入りこんだがごとき錯覚にとらわれてしまう。ここは、アルトワ伯（のちのシャルル一〇世）が建てた別邸、つまり「フォリー」なのであって、庭には白亜の城館が建っている。またポルト・ド・バニョレ近くにも、黒い屋根に白亜の壁面のしゃれた「フォリー」が残っている（バニョレ通り一四八番地）。

こうして「フォリー」は、豪華な、あるいは奇想にみちた別荘づくりを競った。わが国にも「数寄屋造り」という茶室風の建築様式が存在して、これはいかにも日本的というか、むしろ簡素を旨としつつ、ひそかに細部に凝ったりして、風流を気どっていた。「フォリー」も、西欧の風流の一形式であるのにちがいないのだけれど、こちらの場合は、どうやら愛人を囲ったり、はたまた夜な夜な乱痴気騒ぎに興じたりもしたらしく、いつのまにやら緑陰の風流が、「狂気の沙汰」folie に変じてしまったらしい。こうした喧噪のイメージが、〈グラン・サロン・ド・ラ・フォリー〉（『居酒屋』で、家出したナナが踊りまくる店）や〈フォリー・ベルジェール〉といった、一九世紀のキャバレーに継承されたにちがいない。そして今では、「フォリー」が青葉茂れる別邸であったことは忘れ去られてしまったかに思われる。

　わたしは真冬の午後、『パンタグリュエル』に出てくる「フォリー」とおぼしき建物を訪ねてみることにした。現在ではネオン会社となっているので、頼んで敷地に入れてもらう。正面にゴブラン屋敷が見えてくる（写真⑰）。がっちりした四階建てで、一八世紀の瀟洒な別荘とはおもむきを異にしていた。一五世紀末ないし一六世紀初頭の建築というから、パリでもっとも古い建物のひとつにちがいない。塔の横には時計らしきものが見える。中にはりっぱな螺旋階段があるという。別の道からまわりこんで、裏側ものぞいてみた。ぼろ屋敷の化粧直しは顔だけで、パンタグリュエルがわざわざ見物に出かけたかもしれない「フォリー」は、がらくたになかば埋もれ、窓ガラスにはめばりがしてあった。ゴブラン家のお屋敷は、も

⑰　ゴブラン屋敷と称される建物。

はや居場所がなくて、どうしていいか分からないといった感じで、冬の青空に向かって寂しげな姿をさらしていた。いつか修復されたらまた来ます、わたしは、こうつぶやきながら立ち去った。現在、パリ市は「ビーバーの川」の再生作戦を計画中で、まもなく暗渠が外されて、川の流れが顔を現すともいう。効験あらたかな「ビーバーの川」のおかげで繁栄を築くことができたゴブラン家のお屋敷も、修復されて、公開される日が来ることを望みたい。

「乙女の風車」を見つける

中世末からルネサンスにかけてのパリを俯瞰(ふかん)した「バーゼルのパリ図」を、もう一度取り出す。城壁の外を眺めわたしてみると、ずいぶん風車があってびっくりしてしまう。わたしが数えたところでは、一二もの風車が丘の上からパリの町を見下ろしている。

古地図に入りこみ、サン＝トノレ門から町の外に出てみる。道はフォーブール・サン＝トノレと名を変える。「フォーブール」とは、ラテン語でいえば、「の外に」foris＋「町」burgus で、そこが場末町であることを示している。高級ブティックが並ぶ、あのフォーブール・サン＝トノレだって、この時代には市門の外側の、風吹きすさぶ寂しい町外れにすぎない。ときには飢えたオオカミが出没して、人間を襲ったりしていたのだ。そのサン＝トノレ門にしてからが、現在のコメディ・フランセーズやパレ＝ロワイヤルあたりにあったわけで、昔のパリは本当に小ぶりな都会なのだった。

「バーゼルのパリ図」より。サン＝トノレ門、絞首台（左上）、たくさんの風車、ルール病院（下辺）。

モンマルトルの風車（19世紀後半）。右がムーラン・ド・ラ・ガレット、中央がムーラン・デュ・ラデ。左奥には凱旋門が見える。

さて門を出た旅人は、いくつもの風車の出迎えを受ける（57ページ図版上）。物の本によると、シャルル五世の治世に堀をつくったとき、残土の処分に困って盛り土をおこない、そこに風車を設置したのがそもそもの始まりだという。今ではもちろん、こんな都心に丘があるはずもなく、オペラ通り脇の「風車通り」rue des Moulins という名称が残るにすぎない。パリ図を見ると、風車の前の絞首台に、罪人がぶらさがっているではないか。オペラ座界隈、オオカミは出るわ、絞首台は立っているわで、その昔はずいぶんとおっかない場所なのであった。とにかく、パリの、いやパリだけにかぎらずとも、昔の都市郊外の風景として、まず思い浮かぶのは、風車と絞首台なのである。そして次にくるのが、（時としてあやまって）伝染性と考えられた病におかされた人々を隔離した病棟だ。サン゠トノレ門外に「ルール」LE ROULE とある建物がそれで、ここは中世にはハンセン氏病患者を、その後はペスト患者を隔離収容していた（現在の、サン゠フィリップ゠デュ゠ルール教会のあたり）。

今度はパリの南、サン゠ジャック門から、フォーブール・サン゠ジャック Faubourg Saint-Jacques に出てみよう。少し歩いて左折すると、大きな風車が見えてくる。しっかりした土台の上に建てられた、堂々たる風車で、この部分だけを見れば、まるでオランダの低地帯ポルダーのごときたたずまいではないか。「ゴブラン家の風車」LES MOULINS DES GOBELINS と複数形で書かれているから、その先のも含めてゴブラン家所有の風車であったらしい（42ページ地図、右端）。このあたりは、ムフタール街を下りきった先、一九世紀になるとバルザックが「どす黒いどぶ川が流れる盆地」（『ゴリオ爺さん』）と形容した場所に相当する。となれば風車の設置には、かなりの盛り土が必要だったにちがいない。もっとも、はじっこには重要なアイテムを強引に収めてしまうという、昔の都市図の流儀からすると、この風車、実際はもっと遠くにあったのかもしれないのだが。

小麦を碾くのに使用されていた風車や水車は、一九世紀になると蒸気機関にその地位を譲り渡して、パリの周囲から次々と姿を消していく。なかには郊外の安食堂や「ガンゲット」と呼ばれたダンスホールに変身して、余生を送る風車も見られた。モンマルトルの丘の〈ムーラン・ド・ラ・ガレット〉（57ページ図版下）や〈ムーラン・ルージュ〉がそうした風車であることは申すまでもない。ルノワール、ロートレック、ゴッホが絵の主題としたのだし、観光コースにも組みこまれているから、くだくだしい説明はしない。ここでは、東隣りのシャペル地区を舞台とした『居酒屋』のあちこちで、モンマルトルの風車が顔を出すことだけを指摘しておきたい。クーポーとジェルヴェーズは結婚の披露宴を、「中庭の三本のアカシアの木の下で、飲んだり踊ったりできる」〈銀風車〉で開くのだし、ランチエはクーポーと〈ムーラン・ド・ラ・ガレット〉にまで出かけて、ウサギのソテーを食らい、知り合った女を茂みに連れこむのである。

このようにしてパリの周辺から消えていった風車の数々。とはいえ、その記憶は通りの名前として刻印されている。「きれいな風車通り」rue du Moulin-Jolyや「緑風車通り」rue

⑱　「慈愛の風車」。南仏と見まごうばかり。

⑲　パン屋《乙女の風車》（ダゲール通り）。牧歌的な風車の絵に出会える。

du Moulin-Vert、はたまた「乙女の風車通り」rue du Moulin-de-la-Viergeなど、それぞれの風車の光景がまざまざと浮かんできそうではないか。

パリの風車は、モンマルトル以外に残っていないのだろうか？　もちろん残っている。たとえばロンシャン競馬場に行けば、一コーナーをすぎたあたりにりっぱな風車の姿を拝むことができる。ここは元修道院であったから、おそらくはその製粉風車であろう。また南のポルト・ディヴリーを出たところの巨大な風車も一見の価値がある（最寄り駅は、メトロ7号線ピエール・キューリー）。

では、この写真はどこであろうか？　紺碧の空に向かって立つ胴体だけの風車の跡、一瞬、南仏あたりかと見まごうばかりだ（60ページ写真⑱）。これは羽こそもげてしまっているものの、パリに残る、もうひとつの風車の雄姿にほかならない。場所は、なんとモンパルナス墓地である。「慈愛の風車」Moulin de la Charitéと呼ばれ、最近修復されて面目を一新している。その名前が示すとおり、カリタス修道会の所有になる風車で、一六世紀末にさかのぼるものだという。この修道会は一七世紀なかばに、風車の脇の土地を購入して墓地を設けたのだけれど、実をいえば、これがモンパルナス墓地の始まりなのである。

こんなふうにして、その昔、モンパルナス近辺では風車がたくさんまわっていた。「乙女の風車」や「バター水車」などが、通りにその名を残している。とりわけ「乙女の風車」は、想像力を刺激せずにはおかない。乙女だけが操作を許された風車であったのか？　それとも「ヴァージン・オイル」huile vierge というように、油の「最初の圧搾作業」にでも関係あるのだろうか？　そう思って「乙女の風車通り」のあたりに足を向けてみても、なんの面影もない。見落とした可能性もある。でも、この風車、実は近くのダゲール通りで、思いがけず、往時の美しい姿をとどめているのだ。この商店街には、《乙女の風車》という名前のパン屋さんがあって、この店の壁面に、風車の絵が描かれている。フランスのパン屋の店先には、よくこうした風車などを配した牧歌的な風景が描かれている――あたかも、銭湯の富士山のペンキ絵のごとくに。そこで、こちらは手前勝手に、これこそは「乙女の風車」の在りし日の姿なりと決めてかかっている（写真⑲）。なにが乙女だか分からないって？　いや、無用の詮索などはすまじきもの。風車の絵に没入するにしくはないのである。

3　入市税関の時代

「ワイン一〇〇リットル、約二五フラン」とは？

次のページの表をごらんいただきたい。一九世紀前半の資料であるから、とりあえず一フランを一〇〇〇円で換算すれば話が簡単だと思われる。さて、この数字はなにを示しているのであろうか？

生活必需品の値段だろうか？　いや、いくらなんでも玉子一〇〇キログラムが二〇〇〇円

ワイン100リットル	24.92フラン
ブランディ類100リットル	73.50フラン
ビール100リットル	3.76フラン
牛肉100キロ	8.84フラン
一般の魚100キロ	14.10フラン
トリュッフ、ジビエ類100キロ	117.50フラン
バター100キロ	9.40フラン
玉子100キロ	2.35フラン
薪1立方メートル	2.49フラン
スレート1000枚	4.70フラン
瓦1000枚	7.05フラン
塩100キロ	4.70フラン

19世紀前半の入市税の一例

酒税条例（1739年）より。

そこそこでは安すぎる。ましてやトリュッフ一キロが一フラン少々では、世界三大珍味の名がすたる。

これは今でいえば、間接消費税のようなものなのである。その昔、パリの市門のところは入市税関となっていて、こうした税を徴収していたのだ。図版（63ページ、下）は、酒税に関する条例を印刷したものに添えられた、ずいぶんと古拙なタッチのイラストである（一七三九年）。馬車や船で、ワイン樽かなんかが到着する。左手の屋台船は、べつに納涼を気取っているわけではなくて、抜け荷を監視している。夜間は、セーヌ河に鎖を張りわたして船舶の出入りを禁じ、抜け荷を防いでいたのだ。実際、さまざまな手口の密輸が横行していた。ある酒屋などは市門の下に穴を掘って、全長七〇メートルものパイプを通し、ワインを店の酒樽まで流しこんでいたというからすごい。メルシエ（『タブロー・ド・パリ』）が伝える挿話なのだが、罰金六〇〇〇フラン也であったという。

さて図版で舳先（へさき）に立つ役人が肩にするのは、もちろん鍬ではない。マスケット銃である。船からワイン樽がおろされる。どうやら役人が樽にしるしを付けているらしい。堂々たる門をくぐり、馬車が市内に入っていくけれど、手前の事務所で商品の入市税を支払ってからの話である。門でも、事務所の屋根でも、フランスの王権のシンボルである「三つの百合」のマークが目を光らせている。

アンシャン・レジーム期、いわゆる間接税の徴収は「徴税請負人（フェルミエ・ジェネラル）」が代行していた。彼らは一定の額を国王に前渡しして、この業務を請け負ったのである。肉はもちろんのこと、ワインやタバコなど、さまざまな生活必需品に入市税が課されていた。居酒屋に課せられていた営業税も、たびたび値上げされた。酒のうらみはおそろしい。各地で、王税のシステムへの抗議が起こり、ときには民衆蜂起にもなった。標的は、血税をしぼりとる徴税請負人である。たとえばルイ・マンドラン（一七二四―一七五五年）は、徴税請負システムのせいで家族が悲惨な運命をたどったことから、犯罪者の道を選び、徴税事務所を襲撃した。またタバコを密輸しては、安値で売りさばいた。若くして処刑されたとはいえ、民衆は彼を義賊に仕立てあげた。こうして「マンドラン伝説」が、「青本」と呼ばれる民衆本によって語り継がれていった。この時代、税負担がいちじるしく公平さを欠いていたこともあって、徴税請負人への反感はとても強かったのである。

　とはいえ入市税の徴収は、きのうや、おととい始まったことではない。昔からヨーロッパの都市では、商人・農民などが都市に農産物・酒類などの消費財をもちこむときに税金が課せられてきたのである。もっとも、いちいち品物をこまかく検査して、分量をはかり課税額を計算していたら、市門には長蛇の列ができてしまう。実際は、目分量というやつで課税していた。たとえば一六世紀リヨンの場合を紹介する。これにはしかるべき理由があって、実は、「税関（ドゥアーヌ）」という言葉――語源はアラビア語ないしトルコ語――はリヨンで初めて採用されたのだ。税額はふつう、荷車ならば「一荷（シャルジュ）」、山を越えて到着したラバの隊商ならば、振り分け荷物のひとつを「一包（バル）」などとして数えたのであり、実際に計量するのは例外的なことだった。そして商品によって定められている係数――国王から戦費の調達を命じられた場合には、これをふやしたりする――を掛けて金額を割り出したのである。こうしたアバウトな古きよき時代を経て、重さや容量を実際に量って税を徴収する、せちがらい世の中が訪れていたということであるらしい。

「徴税請負人の壁」

一六世紀以降、パリの膨張はあまりに急速であって、新たな市壁の建築が追いつかず、都市の内側と外側の境界はきわめて曖昧（あいまい）なものとなっていた。バラックみたいな徴税事務所のすぐ外側に店を開いた居酒屋が、税金のかからない安酒をこれ見よがしに飲ませていたのである。そこで一七八三年、入市税の徴収を確実にしようと考えた総括徴税人たちは、パリの周囲に城壁をはりめぐらせる権利を国王から獲得した。やがて全長二四キロメートルの市壁が構築され、モンマルトルやベルヴィルといった地区が正式の課税対象地域に組みこまれた。それは、まさにフランス革命の直前のことであった。これが「徴税請負人の壁」と呼ばれるもので、軍事を直接目的とはしない最初の壁であった。壁の内側には、幅一二メートルのパトロール用の通路がつくられた。そして外側にはなんと幅六〇メートルの大通りがつくられて、木が植えられた。おまけに壁の外側一〇〇メートルは家屋の建築が禁止されたとも

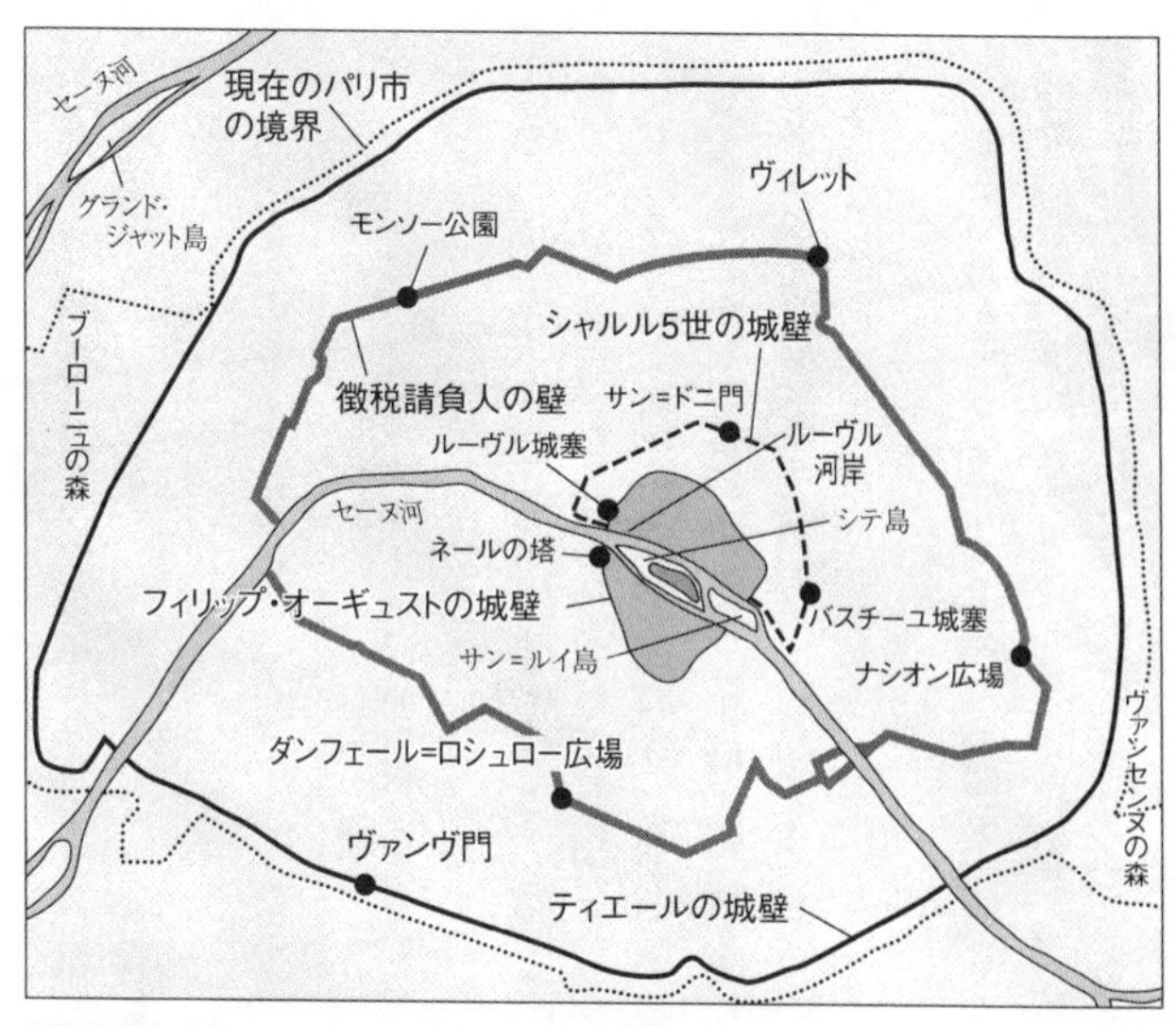

「徴税請負人の壁」と「ティエールの城壁」

いうから、当時のパリを上空から眺めたら、巨大な円環がはっきりと浮かび上がっていたにちがいない。

フィリップ・オーギュストの城壁によるパリは、広さ約二・七平方キロメートル、そして一四世紀末のシャルル五世の城壁が囲むパリは四・四平方キロメートルにすぎなかった。だがここに、面積三三・七平方キロメートルという巨大なパリが出現した。その人口は約六〇万人を数えたという。

徴税請負人の壁では、セーヌ河の二ヵ所を含めて、合計六〇ヵ所で入市税が取り立てられた。市門（バリエール）や入市税関の建物は、フランス東部ブザンソンの南に残る王立製塩所（世界文化遺産）の設計などで名高い国王付き建築家、クロード＝ニコラ・ルドゥー（一七三六―一八〇六年）がてがけた。とはいえメルシエは、この税関の建物を「ごつごつして、何かとげとげしく、不吉だ」とこきおろし、徴税のありさまをこう皮肉った。

市門には、フロックコートを着た税関吏がいる。たかだか年俸一〇〇ピストール（＝一〇〇〇フラン）の給料であるが、いつも目を皿のようにして、一歩たりとも決して持ち場を離れず、ネズミ一匹見逃すまいとしている。そんな奴が、一台一台の馬車の昇降口のところに現れ、いきなりドアを開いて君にこういう、《国王のご命令に背くようなものは、何も持っていませんか？》その場合、必ず、《ご覧ください》と答えなければならず、決して別の答をしてはいけない。（中略）王族と大臣の馬車だけはフリーパスだが、（中略）税務署長も、徴税請負人自身も、臨検を受けなければならない。（メルシエ『タブロー・ド・パリ』）

とにかく商人たちはパリに入るたびに税関検査を受けるのだから、さぞかし厄介であったと想像される。メルシエも、こうした苛斂誅求（かれんちゅうきゅう）が、むしろ消費の停滞や経済の減速をまねいていると分析している。パリの民衆は、それまでのようにのんびりと郊外の酒場にいって飲んだり、ダンスをしたりできなくなった。そこでパリを監獄にたとえて、「パリを囲む城壁が、パリに不平をいわせるのだ」《Le mur murant Paris rend Paris murmurant.》と、語呂合わせに託して愚痴をこぼすのだった。まもなく革命により、徴税請負システムは廃止される。恐怖政治の時代に、元徴税請負人たちは一斉に逮捕され、化学者としても有名なラヴォワジェなどがギロチンにかけられる。とはいっても、革命政府の台所は苦しかったから、革命暦七年のブドウ月（ヴァンデミエール）、分かりやすくいえば一七九八年一〇月に入市税が復活される。こうして、パリ市が拡張されて一二区から現在の二〇区になる一八六〇年まで、「徴税請負人の壁」はパリという都市の境界線として機能することになるのである。

それにしても、パリのあちこちの門や港で日夜監視の目を光らせるというのも、ご苦労さまなことではないか。さぞかし人件費がかさんだものと推察されるのだが、そうでもなかったらしい。アシェット社のブルーガイド（一八六三年版）には、一八五七年度のデータが掲載されている。それによると徴収した入市税が約四七〇〇万フランで、それに要した経費はわずか二七〇万フランにすぎないというのだから。こうした機構のなかで働いていたのが、のちほどふれる画家アンリ・ルソーその人にほかならない。

その後、一九世紀末に「よい酒」、つまりワインの税額が大幅に引き下げられたりする。しかし、入市税そのものは第二次大戦後まで存続したというから驚いてしまう。千葉方面からやってくる担ぎ屋のおばちゃんみたいに鉄道でパリ市内に物売りにくる人々も検問していたのだろうか。交通手段・通信手段が発達していく時代に、入市税という発想そのものが合理性を失っていた。こうして、この間接税は一九四九年一月一日をもって正式に廃止されたという。その代わりに浮上するのが付加価値税（TVA）であって、わが国の消費税が一律五パーセント（二〇二〇年時点では一〇パーセント）と大ざっぱな網をかけるシステムであるのとは対照的に、フランスでは、毛皮や宝石、そして映画でもポルノ映画には高率の付加価値税が課せられ、逆に書籍は率を下げるなど、きめの細かい設定がなされてきたのである。

ルイ＝セバスチャン・メルシエ『タブロー・ド・パリ』（一七八一―一七八八年）

全一二巻という大冊。革命前夜のパリの光景や世相風俗を、あますところなく描き出した先駆的なルポルタージュ。一〇〇〇以上の断章からなり、どこから読んでも愉しめる。順番にも必然性は感じられないし、脱線もしばしばである。「都の市壁の中でより頻繁に見かけたのは、まっとうでゆとりのある暮らしではなくて、むしろ目をそむけたくなるような貧困であり、またかつてパリの民衆の特性とされていた、陽気さ快活さではなくて……」と著者は書いているが、その筆致はけっして暗くはない。革命後に、続編の『新パリ情景』（一七九八年）も上梓している。本書をきっかけに、以後、《タブロー・ド・パリ》というパリ世相観察物が続々と現れた。テクシエ『タブロー・ド・パリ』全三巻（一八五一—一八五二年）も、そのひとつ。

なお、邦訳は『十八世紀パリ生活誌』上下、岩波文庫、一九八九年。とはいえ、全体の約五分の一にすぎない。

今も残る入市税関の建物

パリの市域の拡張（一八六〇年）にともなって、無用の長物となった徴税請負人の壁はとりこわされた。では、その長大なる円環の跡地はどうなったのだろう？　大通り（ブールヴァール）になったのである（67ページ地図）。たとえばモンソー公園の旧税関の丸い建物（ロトンド）の前はクールセル大通りとなった。そこをずっと東に歩いていけば、この「外郭大通り」はバティニョル、クリシー、ロッシュシュアール、ラ・シャペルと名前を変えて、ヴィレットのロトンドに到達する。こうしてパリの周囲をぐるっと取り囲む広い通りができたのだ。やがて今度は、メトロが作られる（2号線と6号線）。この二つの路線が、地下鉄のくせに地上を走る区間が多いのは、壁の跡地にそのまま建設されたからにほかならない。要するに、昔の城壁付近のたたずまいを探すには、メトロの2号線・6号線を見ながらぐるりと歩けばいいことになる。そこである時、この全長二四キロに及ぶ壁の跡を、合計三日間かけてゆるりと一周してみた。昔の旅籠（はたご）のなれのはてみたいな家があるかと思えば、徴税請負人の壁の残痕のごとき壁面も見つかって、とてもおもしろかった。

⑳　モンソー公園の入市税関（ロトンド）。クールセル大通りとメトロ2号線モンソー駅入口。

ところでルドゥー設計の入市税関の建物は、四ヵ所残っている。モンソー公園のロトンドは、現在は事務所やトイレに使われている（写真⑳）。次にナシオン広場、デモ隊のスタート地点で名高いこの広い空間にも、税関の建物が残っている。西寄りにある二棟の小ぶりな建物がそれで、現在も人が住んでいるのだが、いかなる職業の人が居住しているのか不明であった。それからダンフェール＝ロシュロー広場の東西に並ぶ二つの建物もそうで（73ページ図版）、片方は、すぐ脇がカタコンベの入口になっている。また、もう片方の建物の脇は、設計者にちなんで、ニコラ＝ルドゥー辻公園と呼ばれている。

そして最後が、ヴィレットのロトンドなのである。観光名所サン＝マルタン運河まで行ったならば、ついでに、運河めぐり観光船の終点でもあるヴィレット停泊地まで足を延ばすといい。ここからは水辺の幅もぐっと広がり、なんだか東京のベイエリアに来たような気分になれる。ロトンドのベージュの建物が見える。これもアジェの写真が残っているので、それと現在のものを較べればいいけれど、すっかり化粧直しされている。時折その横を青い車体

ダンフェール市門の賑わい（テクシエ『タブロー・ド・パリ』より)。左手の建物の裏が、現在はニコラ＝ルドゥー辻公園。

のメトロ2号線が走りぬけていく。近くの長い外壁を見ていただきたい。かつての「税関」の名称がずらりと刻まれていて、勉強になる。ロトンドの前では、しばしばサーカスが開催される（写真㉑）。

このウォーターフロントは近年、整備が進んでいて、今回訪れると、岸辺には映画館ができていた（MK2, Quai de la Seine　写真㉒）。映画館の両脇のカフェがなかなかいい。向かって右側の〈波止場の出逢い〉Rendez-vous des quais はサロン風。ビストロとしても有名らしく、夜はとても混んでいた。映画人が集まるといううわさも聞いたし、ワインリストは、フランスでは大監督といわれるクロード・シャブロールが選んだものだという。わたしは、手前の〈K〉をひいきにした。Kは「波止場」quai との語呂合わせであろう。長いテーブルにベンチ式の椅子という、いかにもラフな感じのカフェで、夏場や、ぽかぽか陽気の日にはテラスに陣取ることができる。釣り人がのんびりと糸を垂れている運河の光景を眺めながら、ぼんやりと物思いにふける。夢想に飽いた

㉑　ヴィレットのロトンド。手前にサーカス小屋、後方をメトロ2号線が走る。

㉒　ヴィレット、水辺の映画館。対岸に「ペニッシュ・オペラ」が見える。

ら、手元の本を少しばかり読んで、そしてまた対岸を眺める。「ペニッシュ・オペラ」の船が浮かんでいる。東京では、せわしなくて、このようにゆっくりと流れる時間を享受することはかなわない。水鳥の声を聞きながら、格安のエスプレッソが飲めるという、すてきな場所である。これが東京であったならば元気すぎる若者たちに占領されるに決まっているが、パリではそんなことがないのもうれしい。実際、本を読んだり、原稿らしきものを書いたりしている人をちらほら見かけるカフェなのである。

対岸の「ペニッシュ・オペラ」では、係留された船でオペラが上演される（péniche は「平底船」の意味）。客席数はせいぜい一〇〇ぐらいだろうか、井上靖の『猟銃』のオペラ初演をやるというのでパリ在住の友人と観にいった。あとで尋ねてみたら、フランスでは井上靖のこの小説は、ずいぶん昔に翻訳されていて、かなり有名な作品だとのことであった。目と鼻の先で歌いまくる「ペニッシュ・オペラ」も、なかなかに乙なものである。

城壁の人アンリ・ルソー

徴税請負人の壁は、あくまでも租税徴収のための壁にすぎなかったから、プロイセンの侵攻に備えて、本格的な城壁の必要性が長らく叫ばれていた。そして七月王政の時代（一八三〇―一八四八年）、ティエール内閣はパリ防衛用の城壁を新しく築いた（77ページ図版）。全長三五キロほどの極太の楕円形が、パリをとり囲んだ。なにしろ城壁全体の幅が一四〇メートルというのだからすごい。一八六〇年にパリの市域が拡張されたことは、すでに幾度か述べたけれど、それ以後、この「ティエールの城壁」がパリ市の境界となるのだ。堀の外側二五〇メートルは通称「ゾーヌzone」という建築禁止区域に指定される。だが屑屋や貧民などの「危険な階級」とされた人々のバラックが建ち並ぶのにさして時間はかからず、この場末はスラム化していく。都市からも、田舎からも排除された、曖昧でいかがわしい空間。アジェの写真でおなじみの風景が出現したのである（写真㉓）。

入市税の徴収も、当然のことながら、この新しい城壁の門でおこなわれた。そこで働いていたのが、プリミティブ絵画の代表アンリ・ルソー（一八四四―一九一〇年）にほかならない。この画家は「税関吏（ドゥアニエ）ルソー」とよく形容されるから、いかにも国境で働いていたように誤解されるけれど、実際はパリの入市税関（オクトロワ）に勤務していたのだ。

ルソーは一八七一年から九三年まで、ときには市門に陣取って入市税を取り立て、ときには密かに商品を運び込む不届き者を監視していたらしい。当時、ルソーのようなパリ入市税関の職員は二五〇〇人もいた。入市税が、パリ市の税収のなんと六割を占めていたのである。

「はい、瓦一〇〇〇枚ですね、Xフラン払ってください」などと、ルソーがやりとりしていたのかどうかは知らないけれど、とにかく、この職場で彼は二〇年以上働いていた。このルソーという人、よくよく城壁に縁が深いのだ。そもそも北西フランスのラヴァル市の生家に

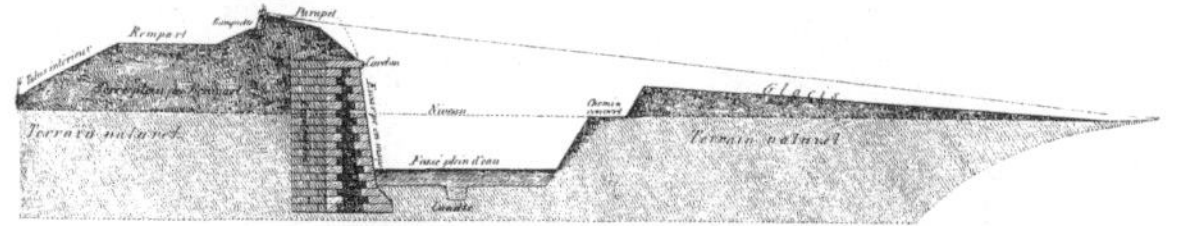

ティエールの城壁の断面図。お堀の幅だけで40メートル。

㉓　アジェが撮影した、その後のティエールの城壁（1913年）。

してからが、城壁を改造したものにほかならないのだから。

ではルソーの描いた《入市税関》（一八九〇年頃）という小さなタブローを眺めてみよう（ロンドン、コートルード・インスチチュート）。斜めの小径、横並びの木々の列、遠景の煙突など、ルソー好みの要素がつまっている。画集の解説によれば、パリ南部ヴァンヴ門だという。門の外で「のみの市」が開かれる、あの場所だというのだ。画家がこのあたりの市門に勤務していたことが、ひとつの根拠となっているらしい。でもヴァンヴ門の向こう側にこんな丘陵が見えるわけがなく、この田舎風の《入市税関》、例によってルソー一流のつぎはぎ細工にちがいない。メルシエは、フロックコートを着た薄給の税関吏が「目を皿のようにして、一歩たりとも決して持ち場を離れず」見張っていると述べていたわけだが、はたしてアンリ君も眼光するどく監視していたのだろうか？　いや、とてもそうは思えない。年功序列の公務員でありながら、退職まぎわに（温情で？）やっとひとつだけ地位が上がったと伝えられるから、おそらくは見張りとしてはほぼ失格に近い、窓際族であったに相違ない。このタブローの後ろ向きの男のように、塀の上で立ち番しながらも、目の前の景色をぼんやりと眺めて、心は遥か夢想の世界に遊んでいたにちがいない。

入市税関の仕事は、隔日の二四時間勤務というハードワークであったらしい。そこで上司が、それではルソー君も絵を描くのも辛かろうと、立ち番ではなく、セーヌ河岸を巡回する仕事に替えてくれたという。ずいぶんと親切な上役ではないか。オートゥイユ河岸とか、トゥルネル橋、グルネル橋が彼の担当であった。そうした時期の作品としては、世田谷美術館の至宝《サン＝ニコラ港から見たサン＝ルイ島の眺め、夕暮れ》（一八八八年頃）が必見である（80ページ）。サン＝ニコラ港とは、ルーヴル美術館近くの河岸をいう（現在の名称はルーヴル港）。絵の橋を渡ればシテ島で、三角形のドーフィーヌ広場がこんもりした樹木で表現されている。そして画面奥では、サント＝シャペルとノートル＝ダムの塔が顔をのぞかせている。となれば橋はポン＝ヌフであろうか？　でも鉄製のスマートな橋の形は、むしろ歩行者専用のポン＝デ＝ザール（芸術橋）に似ている。どうやら画家はここでも、別物をはめこんだみたいなのだ。お月さまの左下の建物が、サン＝ルイ島のそれのつもりであろう。ずいぶん手前にずらされていて、ほとんどシテ島と並んでしまっているのがおもしろい。

画家は、月明かりのセーヌ河岸を巡回してまわる役人の姿を描きこんでいる。中途半端な場所に立って、

ルソー《入市税関》（1890年頃）。ロンドン、コートルード・インスチチュート。

ルソー《サン＝ニコラ港から見たサン＝ルイ島の眺め、夕暮れ》(1888年頃)。世田谷美術館。

ややうつむきかげんの男はなにを想うのか。腰のサーベルの代わりに、右手に絵筆を持ちたいとでも考えているのか。その長い影が、妙に寂しそうだ。そしてまた、手前の荷物のかげに隠れるように座って、ぼんやりしている男もいる。これは一種の自画像であるにちがいない――いやな仕事だ、サボりたいなという心情の投影であろうか。よく考えてみると、儀仗兵みたいな税関吏、チャップリンみたいに帽子とステッキの男、釣り糸を垂れる男、ルソーが好んで描いた男たちの姿はどれも似かよっている。

2　パサージュを渡り歩く

「昔の香りただようショワズール小路よ」

ガラス屋根の下にずっと続くアーケード商店街が好きだ。生まれも育ちも東京の人間。それもほとんど世田谷区で育ったから、アーケードにはほとんど縁がない。その分、三軒茶屋で、中野ブロードウェイで、あるいは京都の新京極でもいい、アーケード街に足を一歩踏み入れると、なにやら心が浮き浮きしてくる。少しばかりレトロな、あの雰囲気が好きなんだと思う。最初に教師になった岡山市には、あちこちにアーケードがあったし、市電も走っていてうれしかった。とりわけ駅の西側の、ややさびれた感じのアーケードが気に入って、よく歩きまわった。セピア色の写真というか、少し前の時代にタイムスリップしたみたいで、愉しくなるのだ。

これがヨーロッパならば、ミラノのヴィットリオ・エマヌエーレ回廊も実にゴージャスであるし、ナントのパサージュ・ポムレーもかっこいい。でもパサージュの本場といえば、やはりパリにとどめをさす。その大半は一九世紀前半につくられたもので、化粧直しして今の時代に合わせようとがんばっているパサージュもあるけれど、パサージュの魅力は、時代遅れで、時間が止まったような雰囲気にこそ存在する。そんなパリの抜け小路をいくつか彷徨することにした。

ではまず、国立図書館（リシュリュー館）の近くにあって、留学生にはおなじみのパサージュ・ショワズールから。ここは近くのギャルリー・ヴィヴィエンヌみたいに豪華な雰囲気をただよわせているわけではなく、むしろありふれた、特徴のない南北の抜け道である。今では、中華総菜などテイクアウトの店が多い。

このパサージュが、パレ＝ロワイヤルとグラン・ブールヴァール（シャルル五世の城壁跡は環状大通りとなった。その総称で、マドレーヌ教会からバスチーユ広場まで）という、当時のふたつの盛り場を結ぶ近道として開通したのは一八二七年だという。今もそうだけれど、このあたりには芝居小屋が多いし、銀行もたくさん集まっていたから、このパサージュは最初から賑わいをみせていた。

わたしがパサージュ・ショワズールを訪れるたびに思い出すのは、次のような書き出しの手紙なのである。

親愛なる先生、ぼくたちは愛に溢れる時節におります。ぼくは一七歳なのです。いわゆる、希望と空想にみちた年頃で、（中略）いまやぼくの確乎たる信念とか希望の数々、感じ取ったことなど、つまり詩人が関心を抱くいっさいの事柄を、――それをぼくは青春と

名づけているのですが、――語ろうとし始めました。（一八七〇年五月二四日）

ベルギーとの国境に近いシャルルヴィル出身のアルチュール・ランボー（一八五四―一八九一年）、いまだに首都パリを知らないこの若者が、高踏派（パルナシアン）の詩人バンヴィルに宛てた手紙である。一七歳の若者の自己紹介であろうか？　たしかに「恋する身です。一七歳ともなれば、まじめ一方ではすみませぬ」（「小説」）とも書くアルチュール少年にとって、一七歳こそ大きな転機だった。いつの時代も、男の一七歳とは大切な年齢、危険な年齢であるらしい。でも本当のところは、アルチュール・ランボーはまだ一六歳にもなっていない。それなのに、もう一七歳なんです、青春を生きるだけでなくて、それを総括する資格だってぼくにはあるんですからと、せいいっぱい背伸びして自分を売り込んだのである。

この手紙は、『高踏派詩集』の版元「アルフォンス・ルメール書店気付」で投函されている。ルメール書店といえば、詩人として名をなそうと夢見る当時の若者にとっては憧れの本屋であった。そのルメール書店が、このパサージュの四七番地に店を構えていたのだ（写真㉔）。有名無名の詩人たちが、夜な夜な中二階に集まって文学談義に花を咲かせていたので、そこは「高踏派の中二階」ともあだ名されていた。

アルチュール少年は、北フランスの田舎でルメール書店刊の『高踏派詩集』シリーズをむさぼり読んでいた。そしてまた、一流の詩人になるためには、まず長髪にしなくてはいけな

㉔　現在のパサージュ・ショワズール。ルメール書店は、左側のあたりにあった。

いなどとも考えていた。今でいえば、ミュージシャン志望の若者の発想に近い。

ランボーと愛憎の関係を築くことになる「呪われた詩人」、ポール・ヴェルレーヌ（一八四四—一八九六年）も、処女作『サチュルニアン詩集』に始まって、『艶めく宴』『よい歌』と、詩集を続々とルメール書店から出していた。田舎の本屋には、なかなかお目当ての本が届かないけれど、ランボーは、こうした本を苦労して入手して読んでいた。おまけに投稿少年としての実績も少しはあったから、なんとかしてこのシリーズに自作を掲載したいと思っていた。

そこでパサージュ・ショワズールの高踏派のメッカに、「これらの詩編には信念があります。愛があります。希望があります。（中略）先生、どうか、いささかぼくをお引き立てください、ぼくは若いのです。手をお貸し下さいませ」と、三篇の詩を送りつけたという次第である。そのひとつが名高い「感覚」Sensation という詩であって、その純な語り口は、まさに青春の歌としかいいようがない。

青い夏の夕暮れには、小道伝いに、
麦にちくちく刺されながら、細い草を踏みにゆくんだ。
夢みながら、ひんやりとしたその冷たさを足元に感じるんだ、
帽子もかぶらぬこの頭を、吹く風に浸しておくんだ。

もう何もしゃべらない、もう何も考えない、
ただ限りない愛だけが魂に湧いてくるんだ。
ぼくは行くんだ、うんと遠くへ、ジプシーみたいに、
自然のなかを、——なんたる楽しさ、こいつはまるで女連れだ。

しかし締切がすぎていたのか、あるいはバンヴィルがランボーの詩編のすばらしさを評価できなかったのか、三篇の詩は『高踏派詩集』には採用されなかった。そのルメール書店、とうに存在しない。その代わりといったらなんだけれど、このパサージュの北端には《リブリ》という古本屋があるし、そのとなりは、いかにも昔からありますといった感じの文房具店になっている。

さて一八七〇年八月末、ランボーはパサージュ・ショワズールをめざしてパリに汽車でや

ってくる。しかしながら北駅をおりたところで無賃乗車でつかまって、監獄に入れられてしまい、担任のイザンバール先生に助けてもらう。そして翌年、またしても家出を決行、「ぼくの宿屋は大熊座さ」(「わが放浪」)と歌って野宿しながら、今度はなんと徒歩でパリにやってくる。まっさきにルメール書店に向かったにちがいなく、店頭で見かけた新刊のことを、ドメニー先生に書き送っている。このときは短期間で故郷に引き返したものの、ランボーはやがて、憧れのヴェルレーヌに「ぼくには一篇の偉大な詩を書きたい抱負があるのですが、シャルルヴィルでは仕事ができません。お金がないために、パリに出ることも妨げられています」と助けを求める。ここでも宛先は、「ルメール書店気付、ポール・ヴェルレーヌ様」となっている。添えられていた詩編に驚嘆したヴェルレーヌが、「すぐに来たまえ、親愛なる偉大なたましいよ」と書いて、ボヘミアンたちから集めたカンパを送ったのは、あまりに有名なエピソードであろう。こうして始まる二人のドラマを仲立ちしたのが、パサージュ・ショワズールのルメール書店ということになる。このパサージュには、長髪に帽子、破れたズボン、パイプくわえたランボーの幻影がたたずんでいる。

そして後年ヴェルレーヌも、このパサージュを懐かしんでこう歌う。

昔の香りただようショワズール小路よ!
オレンジ、稀少なる羊皮紙、そして手袋を売る女たちよ!

あの六七年から七〇年にかけての
ぼくたちの《デビュー》よ、直情径行という美徳よ
それらは今いずこ？

ヴァリエテ座の楽屋口

さてショワズール小路を北に抜けたなら、右に曲がって、「証券取引所」脇のヴィヴィエンヌ通りを進み、パサージュ・デ・パノラマ（パノラマ小路）に入ろう。わたしがいつも直行するのは、この小路の支脈のギャルリー・デ・ヴァリエテという小さなパサージュの片隅だ。

それはヴァリエテ小路とサン＝マルク小路との角にあたる、あまりぱっとしない場所で、客の来ない靴屋だとか、ほこりをかぶった家具屋だとか、すすけて黒くなり、居眠りしているようで、夜になると笠つきランプが緑色のほの明かりのなかでうとうとする貸本屋だとかいった、みすぼらしい店ばかり並んでいた。（ゾラ『ナナ』）

ミュファー伯爵は、この場所に立っている。ぞっこん惚れこんだ踊り子ナナが出てくるのを待っているのだ（88ページ図版）。ここはナナが出演しているヴァリエテ座――客席数は一二四〇だったという――の楽屋口にあたり、きちんとした身なりの紳士たちが、お気に入

ヴァリエテ座の楽屋口でナナを待つミュファー伯爵。『ナナ』挿絵本（1881年）より。

りの踊り子を辛抱づよく待つ場所。でも踊り子たちは、そうした追いかけをきらって、時には正面から抜け出して、本命の男性との逢瀬を楽しんだりする。だから伯爵も気が気ではない。

わたしはヴァリエテ座でお芝居を観たこともないから、ごひいきの女優がいるわけもない。でも、ミュファー伯爵になった気分で、この一角にたたずんでみる。あたりの様子は、『ナナ』の挿絵（一八八一年）とほとんど変わりがないのだ（写真㉕）。「ヴァリエテ座。事務所。楽屋口」とあるパネルも、第二帝政時代と大差ない。金髪の紳士がそわそわしているのに気づいた伯爵は、この男もナナを待っているのではと猜疑心にとらわれ、心配で、楽屋口を離れられない。これは「痴人の愛」といったところであろうか？　ともあれこの晩、伯爵はナナをつかまえて、二人してイタリアン大通りの〈カフェ・アングレ〉の個室で生ガキ

㉕　ヴァリエテ座の楽屋口。

を食するのである。

それにしても、ガス灯のにおいこそ失われたものの、このパサージュ・デ・パノラマのぽつーんと取り残されたような風情は捨てがたい。今では、貸本屋などもちろんない。これはフランスでは絶滅してしまった商売なのだ。その代わり、切手商や名刺屋などが、このパサージュでがんばっている。あとはクレープ屋やカフェがちらほらあるけれど、はたして経営がなりたっているのだろうか？　そもそも、このパノラマ小路、歯の抜けた櫛みたいに、空き店舗がやたらと目立つ。でもむしろ、こうしたメランコリックな雰囲気こそ、一九世紀の遺物たるパサージュの魅力にちがいない。

少女時代の、まがいの宝石や金メッキした細工物といったイミテーション趣味から抜けきれないナナも、このパノラマ小路がお気に入りだった。チョコレート屋のショーウィンドウにうっとりと見とれ、犬のかたちのビスケットに感激する（そういえば、わたしが子供のころも、ピンク、イエロー、グリーンと、ややどぎつい原色の動物ビスケットがあった）。

ところでパサージュ・デ・パノラマという名称は、かつてグラン・ブールヴァールに面して建っていた「パノラマ館」（一七九九—一八三一年）に由来する。「パノラマ」というのは、曲面の壁面に遠景を描き、その手前に模型を配して、いかにも実景を見ているような錯覚を与える視覚装置であって、その昔、ヨーロッパでも日本でも大流行した。明治三〇年代に書かれた『東京風俗志』（ちくま学芸文庫）なる書を繙けば、「浅草のパノラマは明治二三

ヴァリエテ座とパノラマ館（1802年）。

浅草〈凌雲閣〉のパノラマ（『東京風俗志』より）。

年五月の創立にして、初め亜米利加（アメリカ）南北戦争を題とし、すこぶる喝采を博したりしが、日清戦役起こるに及びて、またこれに改めたり」などとある。パリのパノラマ館では、パリやローマといった都市の光景や、壮大なるアルプスの山岳風景、そして戦争スペクタクルが人気を博していた。円形劇場の直径は一四メートル、高さは七メートルと、こぢんまりしたものだったという。サイロみたいなふたつの円形劇場のあいだに設けられた通路が、パサージュ・デ・パノラマの起源なのである（前ページ図版）。

　やがて近くに、直径三二メートルという巨大なパノラマ館が誕生する。さらには「より高度に、目の錯覚を利用した」（バルザック『ゴリオ爺さん』）、「ディオラマ（ジオラマ）」という装置が発明される。ブールヴァールを少し東にいった、ダゲールの「ディオラマ館」がそれで、大変な人気をさらう。ダゲールは、「パノラマ館」の絵を描いたプレヴォーの弟子なのであった。彼はパノラマ画家として出発して、ディオラマ画家となり、ついにはダゲレオタイプという初期の写真の発明者として後世に名を残すのである。そのほかにも、「ネオラマ」「ジェオラマ」「コスモラマ」などが乱立して、客を奪いあったらしい。『ゴリオ爺さん』で下宿人たちが、語尾に「ラマ」を添えた地口を競ったのも、こんなご時世の反映なのである。

　「ディオラマ」という「完璧なイリュージョン装置」（『外国人のための新パリ案内』）の出現によって時代遅れとなったパノラマ館は、客足もとだえて、一八三一年にはとりこわされ

パリの馬車さまざま。中央がマドレーヌ—バスチーユ線。

る。とはいえグラン・ブールヴァールは、パリ最大の繁華街としてますます栄えていた。大通りには街灯が飾られ、劇場やカフェが林立し、歩道も整備されて、ダンディたちが出没する。一八二八年には、最初の乗合馬車マドレーヌ—バスチーユ路線が開通し、グラン・ブールヴァールを行き交う(図版)。パリで最初のガス灯をともしたパノラマ小路は、グラン・ブールヴァール、パレ＝ロワイヤルという新旧の盛り場を結ぶショッピング・アーケードとして賑わいを見せたのである。「如才ない投機家連中が開通させたパサージュのうちで、パノラマ小路ほど人通りの多い場所はない。(中略)今日、このきれいなパサージュは、商業を支配する神の保護のもとにあるのだ」と、当時の世相観察者も語っている。〈カフェ・ヴェロン〉、版画や小物の〈スイス〉、チョコレートの〈マルキ〉、ケーキの〈フェリックス〉といった名店が軒を連ねていたという。そしてウィンドウ・ショッピングを楽しむ女性たちを目当てに男たちがやってくる。「パノラマ小路にはいつでも、あらゆる年齢のナンパ師（マルシュール）であふれている。しかしどう見ても、年寄りのほうが多いのだ」と、当時の『遊び人案内』なる本に記されているのがとても興味深い。やはりこの界隈は、ミュファー伯爵のような初老の男にふさわしき空間なのであった。

華やかなパノラマ小路。開通直後に、レストランの宣伝用に描かれた水彩画であるらしい。

ところで、このパノラマ小路といえば、その華やかさを物語る名高い絵が常にひきあいに出されるから（図版）、いかにも一九世紀末まで最新流行の発信地として賑わい続けたかのような印象を受ける。ところが実際はどうか。思いがけず一八三五年には、早くも次のような評価をちょうだいしているのだ。

三〇年前のパリといえば、狭くて、きたなくて、不便で、風通しも悪く、暗いパサージュしかなかった。だからパサージュ・デ・パノラマは、すばらしいものに思われた。ガラス張りの屋根、おしゃれな店の数々、趣味のよい装飾といったもののおかげで、人々は、この場所の狭苦しさには目をつぶったのだ。（中略）しかしながら、ヴィヴィエンヌ、コルベール、ヴェロ＝ドダ、オペラ、ショワズールといったきれいなパサージュ galeries ができると、パノラマ小路などもはやありきたりの建築物にすぎなくなってしまった。

（『絵になるフランス』）

ナナが店先の安ぴか物に魅せられた、第二帝政時代のパノラマ小路は、もはや最新流行の発信地ではなかった。その頃からすでに、ノスタルジックな空間として認識されていたにちがいない。

『ナナ』（一八八〇年）
ゾラの連作《ルーゴン・マッカール叢書》の第九作。ジェルヴェーズとクーポー（『居酒屋』を参照）の娘のナナ（本名はアンナ・クーポー）は、貧困から逃れるべく家出する。演技力もなければ、美声の持ち主でもなかったが、ナナはその豊満な肉体という武器をいかしてヴァリエテ座のスターとなる。やがては高級娼婦としても名を馳せて、多くの男を惹きつける。この「金蠅」の魔力にとりつかれた男たちは、放蕩に身を持ち崩して、次々と破滅していく。皇后ウジェニーの侍従をつとめるミュファー伯爵もそのひとりであって、金の力でナナをヴァリエテ座にカムバックさせ、豪華な邸宅に住まわせる。だがナナの淫蕩なる生き方はやまず、ミュファーは地位も財産も失い、妻は不倫へと走る。こうしてナナは、普仏戦争勃発の報を聞きながら、一八七〇年七月一九日、一八歳の若さにして天然痘で朽ち果てていく。第二帝政期の帝都パリの陰翳(いんえい)を娼婦の肉体になぞらえて描ききった傑作。マネのタブロー《ナナ》(一八七七年)も有名だが、これは『居酒屋』に想を得た作品。

パサージュ対ギャルリー

こうしたパサージュの新旧交代を考えてみる際、新しいアーケードが、passage ではなくて「ギャルリー」galerie と命名されていることに注目すべきだろう。パノラマ小路のなかでも、その支脈のヴァリエテ、フェドー、モンマルトルといった新しいパサージュは、いずれもギャルリーを名乗っている。

passage は、「パスする」passer のだから、「抜け道」という機能重視の名前である。一方、galerie は「回廊」の意味だけれど、フィレンツェのウフィッツィ美術館 Galleria degli

Uffiziを思い出せば分かるように、美術館の「陳列室」も意味した。したがって、貴重な品々が並んでますよというイメージを喚起したにちがいない。おまけに英語でもゴルフ・トーナメントのギャラリーというように、フランス語の場合でも「観客」を意味した。ジュ・ド・ポーム（テニスの前身）の「観客席」から派生した意味だという。となれば、galerieの方が、パサージュ空間の劇場性を忠実に反映した呼び方という理屈になりそうだ。人々はパサージュに最新流行を求めて、着飾ってでかける。そしてショーウィンドウの観客となると同時に、見られる存在としての自分を意識したのである。やがて、デパートもギャルリーを名乗る（〈ギャルリー・ラファイエット〉など）。おしゃれな空間とは、そうしたことも含むのである。もっともパリのパサージュの原点は、パレ＝ロワイヤルの「木のアーケード」Galeries de Boisなのだから、名称としては先祖がえりといえなくはないのではあるが。

屁理屈をこねてはみたけれど、要するに、コルベール、ヴィヴィエンヌ、ヴェロ＝ドダ等々、ギャルリーを名乗った新興パサージュの方が、おしゃれだったことは、実際に訪ねてみれば分かる。おまけに大抵は幅も広くて、ゆったりしているのだ。

では「ギャルリー」と名乗ったシックなパサージュは、今時の人々を引き寄せているだろうか。たとえば、あの豪奢な円形空間（ロトンド）を有するギャルリー・コルベール、そこに続くギャルリー・ヴィヴィエンヌはどうか。なるほど〈ジャン＝ポール・ゴルチエ〉も入っているし、しゃれたティールームもあるから、有閑マダムらしき人々の姿は見られる。で

セーヌ右岸のパサージュを歩く。

も全体としては、閑散とした空間でしかない。そのせいかどうかは知らないが、行くたびに、近くのフランス国立図書館の売店の部分が拡大されている。パサージュ全体が修復されてきれいになっただけに、余計に、曲がり角にある古書店が浮いた存在になってしまっている。シックなパサージュとしての再生作戦、かならずしも成功しているように思えないのだ。同様にして、大幅な改装を終えたギャルリー・ヴェロ＝ドダ（パレ＝ロワイヤルの東）の人通りは、どうなっているのだろうか？

ジュフロワ小路からヴェルドー小路へ

さてパノラマ小路を北へ抜けてブールヴァール・モンマルトルを渡る。そこに大きな口を開いているのが、ジュフロワ小路である。名前はパサージュだけれど、狭苦しくはなくて、開放感のある空間だ。正面の時計もワンポイントとして効果的である。一八四七年の開通というから、パサージュとしては後発組なのだが、最初からとても栄えたという。雑文家デルヴォーは『パリの快楽』（一八六七年）において、このパサージュは「すし詰め」――フランス語では「樽のなかのニシンのように詰まった」という――だ、なぜこんな大勢の人がと自問している。そして挑発するような身なりの女性たちが「未知の男を求めて」やってくるものだから、「名刺交換にもひとしい、ウインクを交わさんものと、みんなが殺到するのだ」という結論を引き出している。

ジュフロワ小路にはグレヴァン人形館（一八八二年に創設）もあって、がらんとしたパノラマ小路と比較すると、「すし詰め」とはいかなくても、だんぜん賑わっている。クランクの角が階段となっているのも、このパサージュに風情を添えている。ここでは時間が止まったかに思われるけれども、まだ死んではいない。階段を降りきると、このレトロな空間にふさわしく、往年の名画のポスターを売っている店があって、コレクターが吸いこまれていく。

㉖　レストラン〈シャルチエ〉。

このあたりに来たら、レストラン〈シャルチエ〉Chartier（入口はフォーブール＝モンマルトル通り）も一度は訪ねてみる価値がある（写真㉖）。「ブイヨン」（後述）と呼ばれる、昔の安食堂のほとんど唯一の生き残りなのである。その昔、常連客は自分のナイフやフォークを預けておいたらしくて、戸棚が今も残っている。もっとも、最近は観光名所になってしまい、客あしらいも悪くなった。味の割に値段も高くなって、魅力がうすれてきたことは否定できない。七〇年代には、金のないヒッピーやバックパッカーが集い、熱気あふれる店だったのだが。

ジュフロワ小路を抜けて、道を渡りパサージュ・ヴェルドーに入ると（写真㉗）、なんだか急に物寂しい気持ちになる。人通りがほとんどなくなって、がらんとしているのだ。実際、開通当時から、この辺のパサージュをひやかしにきた人々も、ヴェルドー小路の目の前で右折して、にぎやかなフォーブール＝モンマルトル通りに出てしまったらしい。でもわたしは、今も昔も寂しい、このドッグレッグしたパサージュの雰囲気が好きで、よく足を運ぶ。ゾラのデパート小説と同じ、〈御婦人方の幸福〉Le Bonheur des Damesという刺繡用品店に、一九世紀末のたたずまいを発見するのもうれしい（この店は、バスチーユ近くにもある）。となりが漫画専門の古本屋さんで、記念にポスターを分けてもらった。

㉗　パサージュ・ヴェルドーの入口。

その奥には、若いころ足を運んだ古本屋が何軒かある。一九世紀の小説類を格安で買えた。それればかりか、まるで地震で崩壊した建物から掘り出したみたいに、土ぼこりにまみれたモレリの歴史事典、四巻本（初版は一六七四年）を、わずか二万円で譲ってもらったこともあった。日本の古書店が美本を扱えば、四〇万〜五〇万円はする代物だ。古い時代の文学を専攻するならば、とにかく主な辞典類はすべて揃えなさい、学問はそこから始まるのだ

――わたしたちの世代の仏文学徒はこう叩きこまれた。だからフランスに来ると、とにかく本探し、辞書探しに夢中になった。とはいえ「少年老いやすく、学なりがたし」、大量に買いこんだ書物もさして活用することなくして、この年齢を迎えた。モレリの事典も、研究室の段ボール箱のなかで永い眠りについている。

一時代を画して、人気を集めた多くのパサージュもまた、永い眠りについた。第二帝政時代、セーヌ県知事オスマンは、直線の美学を都市景観に適用した。こうして「古い首都のうねりくねった襞」（ボードレール）が消えて、パリは堂々たる近代都市に生まれ変わる。かくしてゆったりした歩道のついた大通りが、都市遊歩者の舞台となる。歩道には樹木が植えられて、ショーウィンドウは直射日光をたっぷりと浴び、カフェテラスが、そぞろ歩きする人々を待ちかまえる。最新流行の店も、パサージュという生みの親を捨てて、表通りに家出する。「抜け道」の時代は終わりを告げて、「表通り」の時代が開幕したのだ。狭くて暗い抜け小路は、文字どおり日陰者となってしまうのである。

以後、パサージュは、ノスタルジーを誘う迷路として、かろうじて存続していくしかない。読者は、パサージュをつぶさに歩いてみるがいい。印象に残るのは、切手・コイン商、映画ポスターの店、古本屋など、いわば時代がついた小物を商う店ばかりではないか。ここは流行とは対極の時空間を生きているのである。

「ソルボンヌ小路」を発見！

かつて「大学（ユニヴェルシテ）」という別名を授かっていた左岸は知的労働の空間であったから、商業化は遅れていた。右岸とはことなって、パレ＝ロワイヤルやグラン・ブールヴァールといった繁華街もなく、ウィンドウ・ショッピングや遊歩へと人々を誘う磁力に欠けていた。したがって屋根つき商店街としてのパサージュは、圧倒的にセーヌ右岸に多く、左岸はパサージュ不毛の地というしかない。

あるパサージュの研究書には、パリのパサージュが合計六二本列挙されている（うち現存するのは約半分。なお第二帝政期のパリガイドには、「パリは一八三のパサージュを擁する」ともある）。そのうちセーヌ左岸のパサージュはわずか三本にすぎず、〈カフェ・プロコープ〉裏手のでこぼこ道クール・デュ・コメルス・サン＝タンドレ以外、今となっては影も形もない。

たとえば一八五三年には、「ソルボンヌ小路」という短いパサージュが、ソルボンヌ大学の真ん前に開通したという。なぜ大学の目と鼻の先にパサージュなどが作られたのか、その理由は不明だ。とにかく、この小さな抜け道は約半世紀にわたって存続したらしい。そして一九一〇年、敷地が競売にかけられて、やがて消滅するわけだが、その時にもなお四店舗が営業していたという。文房具屋とか古本屋ががんばっていたのかもしれない。

この「ソルボンヌ小路」の入口は、ソルボンヌ通り一八番地だと判明しているから、ある日、ふと訪ねてみた（写真㉘）。なんだ、パリ大学のオフィスではないか。大学の出版物を、いくどか買いにきたことがある。お目当ての一八番地の建物を見上げてみる。二階部分のアーチが、在りし日のパサージュの形を想像させる。そう思って、このアーチの部分をよく見ると、驚くなかれ、グロテスク模様の柱頭のあいだに、「ソルボンヌ小路」Passage de la Sorbonne という文字が今も残っているではないか（写真㉙）。これぞ、左岸の失われしパサージュの、この上なく貴重な痕跡だ。一階部分はのっぺりした壁面になってしまった

㉘　パサージュ・ド・ラ・ソルボンヌ。ソルボンヌ通りの坂道。㉙　近づいてみると、アーチ部分にPassage de la Sorbonneという表示が残っている。

が、二階部分は、その黒ずんだ色調からすると、内部もあまり変わっていない可能性がある。いずれ中に入れてもらって、確認してみたい。

セピア色のパサージュ

では最後に、あえて、狭くて暗くて、死にかけたようなパサージュに案内しよう。ただしそれは、文学のなかでの話。左岸で、ほとんど唯一の完全屋根付きアーケードとして、一八二三年に開通したパサージュ・デュ・ポン゠ヌフのことである。洋装店・楽譜商・帽子屋・小間物屋、それにカフェなどが軒を連ねていたという。サン゠ジェルマン゠デ゠プレ界隈のブルジョワジー御用達のパサージュが完成したのだから、左岸でもこれに続く動きがおこるだろうと報じた新聞記事もある。しかしながら、早くもこんな探訪記も書かれているのだ。

私はフォーブール・サン゠ジェルマンへと移動した。小さなパサージュが最近できたことを知っていたから。（中略）このパサージュ・デュ・ポン゠ヌフ、ぎりぎり三人が並んで歩けるほどの幅で、店はどれもなんだか戸棚みたいな感じなのだ。はっとさせられたのは帽子屋一軒だけ。（中略）こんなわずかの店のために、わざわざ足を運んだとは！満たされぬ気持ちのまま、私はここを離れた。（『新タブロー・ド・パリ』一八二八年）

パサージュ・デュ・ポン＝ヌフの将来は、最初から暗かった。すぐにさびれてしまったらしい。やがて、この陰湿な抜け小路を、小説の舞台にしようと考えた男が出現する。カルチエ・ラタンに住んでいた、駆け出しの作家エミール・ゾラ（一八四〇―一九〇二年）にほかならない。その小説とは、出世作となった『テレーズ・ラカン』（一八六七年）のことである。ヴェルノン（パリとルーアンの中間の町）に引きこもっていたラカン夫人は、病弱な息子カミーユがパリに出たいというので、パサージュ・デュ・ポン＝ヌフの小間物屋を譲り受ける。店主は「営業権を処分したいと思っていた」という記述からも、このパサージュの不振ぶりが想像つくではないか。では物語の冒頭、このパサージュの描写を読んでみる。

セーヌの河岸の方からくると、ゲネゴー通りが終わったところで、パサージュ・デュ・ポン＝ヌフに出会う。これはマザリーヌ通りとセーヌ通りとを結ぶ、狭くてうす暗い一種の回廊である。このパサージュはせいぜい長さが三〇歩、幅は二歩分しかない。黄ばんだタイルが敷かれているが、すりへって、はずれて、いつもなんだかつーんとくるような湿気がにじみ出ている。路地をおおうガラスの三角屋根は、黒く汚れている。

晴れわたった夏の日、強烈な日差しが通りを焼けこがすとき、きたないガラスごしに白ちゃけた明るさが落ちて、パサージュのなかをみじめっぽくさまよう。冬のなんともいやな日、霧立ちこめる午前中に、屋根のガラスが、ねばついたタイルの上に投げかけるもの

パサージュ・デュ・ポン＝ヌフ。ゾラ『テレーズ・ラカン』挿絵本（1882年）より。階段が物語る？

といえば、暗闇だけ、汚れた、ぞっとする暗闇だけなのである。

カミーユの妻テレーズは、この陰鬱なるパサージュで、獣のような男のローランと不倫におちいる。そしてついにはカミーユを溺死させてしまう。この「黄ばんだ」パサージュの陰湿さとは、まさに『テレーズ・ラカン』の世界そのものなのである（ちなみにシモーヌ・シニョレ主演、マルセル・カルネ監督の映画《嘆きのテレーズ》では、舞台はパリではなく、リヨンの坂の街クロワ・ルッスになっていた）。では最初の挿絵本（一八八二年）をのぞいてみよう（右の図版）。パサージュ上部に「テレーズ・ラカン」と書かれている。昔から西洋の書物の扉には、しばしば柱廊や扉が配されて、テクスト空間への入口を演出してきたわけだが、ここではそれが抜け小路のイメージと重ね合わされていて、情欲と死のドラマが、この狭隘なる空間で演じられるのだ。わたしには、入口の階段も気にかかる。このパサージュの東側の入口があるマザリーヌ通りの旧称は、ネール堀端通りではないか。となれば、この「段差」、これまたお堀の斜面の残像であるのかもしれないのだから。

さて、物語の結末で、カミーユの亡霊から逃れようとして、テレーズとローランは毒を仰いで死ぬ。こうして『テレーズ・ラカン』は、この陰気なパサージュに死亡宣告を言い渡した形になる。そして世紀末には、あるジャーナリストが「このパサージュの雰囲気は、『テレーズ・ラカン』という物語のおぞましいほどの憂鬱さに、昔も今もふさわしい。これほど陰気なところもないし、つけ加えさせてもらうならば、これほど不健康な場所もない」とまで書くのであった。

別に『テレーズ・ラカン』だけではない。ゾラの多くの小説に差しこんでいる光、それは印象派のポジティブな光の斑点ではなくて、むしろネガティブな光なのだ。写真でいえば、セピア色のそれだ。あるいはアジェの写真のような、くすんだ感じともいってみたい。

ゾラの小説の感光具合をアジェの写真になぞらえたのには、しかるべき理由がある。彼は、一九一〇年、さびれはてた、瀕死のパサージュ・デュ・ポン＝ヌフをわざわざガラス乾板に定着しているのだ。人がすれちがうのがやっとの狭いパサージュは、もはや商店街の面

㉚　アジェ「パサージュ・デュ・ポン＝ヌフ」（1910年）。閑散としていて、こわいくらいだ。

影もなく、単なる抜け道と化していたことがよく分かる（写真㉚）。まもなく、この陰鬱な通路は取り壊される。

現在ここは、ジャック・カロ通りという、ちょっとした小広場のようなゆったりした空間に吸収されてしまっている。界隈を探索したけれど、残念ながらここでは、かつてのパサージュの痕跡を発見することはできなかった。セーヌ通りとの角には、近くの美術学校の学生たちのたまり場として有名なカフェ〈パレット〉La Palette がある。レトロ調の室内は、なかなかに落ち着ける。人と待ち合わせて、奥の座席でワイングラスをかたむけながら、ふと、『テレーズ・ラカン』のパサージュのイメージが一瞬まぶたに浮かぶ。でも、青空の広がる、この見通しのよい空間に、あの暗い抜け小路があったなどとは、にわかには信じがたいのである。

3　昔のガイドブックから

1　『パリ゠ディアマン』一八六七年版

セーヌ河岸のブキニストを冷やかしていると、昔のパリ・ガイドがころがっていたりする。最近はこの手のものにもけっこう高い値段がついたりしているけれど、記念だと思って、ひとつ買って帰ることをおすすめする。古本でなくて、復刻版が見つかることもある。フランス語は苦手ですって？　ならば英語版を探せばいい。あちこちめくっていると、まったく思いがけないことが書いてあって、居ながらにして一〇〇年以上前のパリに時間旅行する楽しみを味わえること請け合いである。

といったわけで、この章では『パリ゠ディアマン』（アシェット、一八六七年刊）という小ぶりなガイドブックを開いてみたい。文庫本よりも小さいとはいえ、四〇〇ページ強あるから、内容はかなり充実している。ここでは、ガイドの本体、つまりノートル゠ダム大聖堂がどうのこうのという記述ではなくて、その前の一般的な情報に関する個所を調べてみる。

『パリ＝ディアマン』（1867年版）の表紙。挿絵127枚、パリの地図付き。

別に理論的な考察をおこなうわけではなく、任意に興味深い項目をとりあげてみたい。

この『パリ＝ディアマン』——日本語にすれば『珠玉のパリガイド』とでもなろうか——、見返しのポケットにパリの地図が収められていて、いつでも参照できる仕掛けとなっている（ただしわたしが買い求めたものには、欠けていた）。一般情報の部分は六〇ページほどで、「公共輸送機関案内」「ホテル・レストラン案内」「その他の情報」という三部構成となっている。なお、扉の見返しのところには、「本書の記載事項、推薦項目などは、完全に無報酬です」と注記されている。要するに、金をもらって店の名前を挙げたりしてはいませんよと、ことわっているのである。それでは、やや詳しく見ていくことにする。

馬車路線の識別

第一章「パリへの到着」では、さまざまな乗合馬車（オムニビュス）の情報が、路線案内や料金表などとともに解説されている。乗物の民主化の象徴としての乗合馬車の業界には、参入が相次いでしのぎをけずり、大混戦におちいっていた。そこで県知事オスマンが乗り出して、一〇社を統合し、「乗合馬車協会」（CGO）を設立した。一八五五年のことである。とはいえ、パッシーやオートゥイユのあたりでは、「アメリカ鉄道」と呼ばれる馬車が線路上を走っていたりして——市電の前身である——、パリの乗合馬車システムはなかなかわかりづらい。ともあれ最盛期には一万頭以上の馬がパリの公共輸送で活躍していたというのだから、いくらパリの街がおしゃれになったといっても、あちらこちらで馬糞が湯気を立てていたにちがいなく、今日のパリ名物の犬のフンどころの騒ぎではなかったのかもしれない。そう思って、印象派のパリ風景などをよくよく眺めてみると、道に掃除のおじさんが描かれていたりする。きっと馬糞をかき集めている最中にちがいないのである。

さて、ここでは「乗合馬車協会」の馬車路線について、要約しておきたい。全部で三一路線あり、アルファベット、車体の色（黄、緑、焦げ茶、チョコレート）、ふたつのランプの色の組み合わせ（赤、緑、白、紫）で識別できるようになっていた。たとえばオートゥイユとパレ＝ロワイヤルを結ぶ馬車はA路線と呼ばれ、黄色い車体に、赤いランプがふたつだという。メーヌ通り―北駅線（V路線）というのを見ると、茶色の車体に、緑と赤のランプとある。車体の茶色にも濃いのと淡いのと二種類あったらしいし、ランプも左右で異なる色のもあったりして、うまく路線を区別していたらしい。高校の数学で習った「組み合わせ」というやつを使えば、何路線まで区別できるのか分かるはずだ——当方は、とうに公式を忘れてしまったが。

ところがグラン・ブールヴァールを走る、有名なマドレーヌ―バスチーユ線（E路線）

も、「黄色い車体、赤いランプがふたつ」とあるから、A路線とまったく同じではないか。そう思って、あらためて全路線を調べてみると、なんと九路線が「黄色い車体、赤いランプがふたつ」というのだから、わが目を疑った。これで本当に識別できたのだろうか？　でもよくよく考えると、昼間は無灯なのだし、夜はどうせ車体の色など識別できないのだから、こんなことに首をかしげたわたしがおろかだった。まあ路線のアルファベット——Aは、AからAGまでの七路線ある——だけは、それぞれ異なっているから、合格点を付けてあげよう。

乗客の定員は二六ないし二八人で、合図すればどこでも乗り降りができたというから便利なことこの上ない。ただし「満員（コンプレ）」というプレートが出ていれば、いくら合図してもむだ——あたりまえだ。料金は「室内席（アンテリユール）」が三〇サンチーム、「屋上席（アンペリアル）」が半額の一五サンチームであった。屋上席は「喫煙者には快適だが、身軽でないといけない」とのことである。なお「乗り換え切符」をもらえば、他の路線に乗り換えられた。ただし「屋上席」は乗り換えるなら三〇サンチームだという。このあたりがアバウトというか、フランスらしからぬ不合理性が支配している。最初から乗り換えを予定しているならば、どうせ三〇サンチーム取られるのだから、雨風にさらされる「屋上席」ではなくて、「室内席」にするのが賢明という理屈になってしまう。この「乗り換え切符」というなつかしいシステム、わが国でも昔は地方の市電にあったけれど、今もどこかで健在なのだろうか？　ヨーロッパの場合、現在は時

DANS L'INTÉRIEUR DE PARIS.					AU DELA DES FORTIFICATIONS.		INDEMNITÉS POUR LE TRANSPORT DES COLIS CONFIÉS AU COCHER.		
	De 6 heures du matin, en été (du 31 mars au 1er octobre), et de 7 heures du matin, en hiver (du 1er octobre au 31 mars), à minuit 30 minutes.		De minuit 30 minutes à 6 heures du matin, en été (du 31 mars au 1er octobre), et à 7 heures du matin, en hiver (du 1er octobre au 31 mars).		Bois de Boulogne. Bois de Vincennes et communes contiguës à Paris. De 6 heures du matin à minuit, en été ; à 10 heures du soir, en hiver.				
					quand les voyageurs rentreront avec la voiture à Paris.	quand les voyageurs quitteront la voiture hors des fortifications.	1 colis.	2 colis.	3 colis et au-dessus.
	La course.	L'heure.	La course.	L'heure.	La course et l'heure.	Indemnité de retour.			
Voitures de place et voitures de remise chargeant sur la voie publique :	—	—	—	—	—	—			
A 2 et 3 places...	1 50	2 »	2 25	2 50	2 50	1 »			
A 4 et 5 places...	1 70	2 25	2 50	2 75	2 75				
Voitures de remise prises dans les lieux de remisage :							0 25	0 50	0 75
A 2 et 3 places...	1 80	2 25	3 »	3 »	3 »	2 »			
A 4 et 5 places...	2 »	2 50							

辻馬車料金表。パリ市内・市外の2本立て。市内の深夜時間帯は、夏が0：30～6：00、冬が0：30～7：00。辻馬車乗り場に行くより、流しをつかまえる方が安い。とにかく、とても複雑なシステム。荷物は1個につき25サンチーム。

間制を採用しているメトロやバスが多い。たとえばリヨンでは、一時間以内ならば市内の公共機関は乗り降り自由だったと記憶している。

辻馬車に忘れ物するなかれ

このほかにタクシーに相当する辻馬車も当然走っており、ガイドブックにはその料金表が掲載されている（上図）。これまた、流しをつかまえるのと乗り場で拾うのとで、また小型と中型でも料金が異なるし、しかも（0：30以降の）深夜料金や市外料金も設定されていて、かなり複雑なシステムとなっている。市外まで乗った場合などは、業界用語でなんというのか知らないけれど、空車で帰ることを想定して割増料金を払う必要もあった。荷物は一個につき二五サンチームと共通だ。そして最後に大切なこと——距離メーターがまだ存在しないのだから、料金は基本的に時間制で、五分きざみで料金があがっていったらしいのである。

ところで辻馬車という一九世紀のタクシーに乗る際の鉄則、それはなにかあったときのために備えて、車体のナンバーを覚えておくことであった。番号が記された紙をくれることもあったというが、とにかく忘れ物などの問い合わせをするにも困ってしまう。御者のなかには、たちの悪い者もまじっていたのだから。

この辻馬車での忘れ物が、主人公の運命を一変させてしまうというお話が、モーパッサンの「首飾り」(一八八四年)という傑作短篇にほかならない。下級官吏ロワゼル氏のもとに嫁いだ美女マティルドは、あるとき大臣主催のパーティに夫婦で招待される。ここは着飾らなくてはいけない。そこでドレスは新調したものの、アクセサリーにまで手がまわらず、女学校時代の友だちフォレスティエ夫人にダイヤの首飾りを拝借した。パーティ当日、男たちの視線を浴びながら夢中で踊り続けたシンデレラも、夜中にはもとの現実に立ち戻らなければいけない。もちろんかぼちゃの馬車も自家用馬車もあるはずがなく、辻馬車をつかまえるしかない。

やっと岸で、一台の箱馬車を見つけた。昼のうちはみじめな姿をさらすのが恥ずかしいかのように、夜にならねばパリに姿を見せぬ、あの夜専門のぼろ馬車(クーペ)だった。

祭りのあとの侘びしさを象徴するおんぼろクーペに乗った夫婦には、悪夢が待ち受けていた。どうやら馬車で首飾りをなくしてしまったらしいのだ。

——馬車の中だな。

——そうね、そうかもしれないわね。あなた番号を覚えていて？

——いいや。おまえはどうだ？　目にとめなかったかい？

——見なかったわ。

辻馬車の番号は控えるべしという、ガイドブックにもある教えを守るべきなのであった。うだつの上がらぬ役人は、辻馬車会社を訪ねたり、警察にも行くけれど、首飾りは出てこない。そこで夫妻は、多額の借金をして、まったく同じ首飾りを三万六〇〇〇フランで購入して、そしらぬ顔でフォレスティエ夫人に返却する。そして女中には暇をとらせ、自分たちは屋根裏部屋に転居すると、夫は筆耕のアルバイトまでして、とにかく爪に火をともして金を貯めるのだ。こうして一〇年間もの苦労を重ねたあげく、ようやく借金を返済したものの、かつての愛くるしい女マティルドは、今では老婆のごとく老けこんでしまっている。そんなある日のこと、彼女はシャンゼリゼ通りで、子供を連れた、「あいかわらず若々しく、美しく、魅惑的な」フォレスティエ夫人とばったり出会うのだ。夫人は、この老けた女が、まさか学友とは思いもしない。そこでマティルド、その理由は、あなたに借りたダイヤの首飾りをパーティの夜になくしたせいなのよと告白する。すると夫人は、思いがけないことをいう。

「まあ！　おきのどくなことをしたわ、マティルドさん！　だって、あたしのはまがいものだったのよ。せいぜい五〇〇フランぐらいの品だったのよ！……」

ホテル〈トゥール・ダルジャン〉

第二章「地区を選ぶ」では、ホテルやアパルトマン、そして各種のレストラン情報等が盛られている。

まずは宿泊施設だけれど、ビジネス・勉学・観光といった目的や、ふところ具合によってピンからキリまであると述べられる。次にセーヌ左岸と右岸のホテルの値段のちがいが、次のように表現される。左岸のセーヌ通りなどでは、一泊三～五フランで、「通りに面した、二階や三階の快適な部屋」が借りられる。ところが右岸のフォーブール・サン＝トノレで同じ料金を出しても、「四階や五階の、それも中庭に面した部屋」になってしまう、というのである。右岸の方が宿泊代が高めだというのだが、それが部屋の階数に反映されているのが興味深い。エレベーターがない時代は、一般の建物と同じで、ホテルにおいても、下の階ほど値段が高かったのだ。もうひとつ、通りに面した部屋のほうが中庭よりもいいとみなされている点、これは現在も一般的な法則なのかもしれない。ならば中庭に面した静かな部屋を選べば、安上がりで一挙両得ということにもなる。

なお『パリ＝ディアマン』の親本のいわゆる「ブルーガイド」では、部屋を借りたら、なるべく早く医者を見つけておくこと、薬局や郵便局の住所をきちんとメモしておくこと、ホテルではお金はフロントに預けて「受領証」をもらうこと、アパルトマンでは家賃に応じた「心づけ」を管理人に手渡すこと等々、とても親切なアドバイスがなされている。

さて宿泊施設は、「ホテル」「家具付き（ムーブレ）アパルトマン」「家具付きの家（メゾン・ムーブレ）」「家具なしアパルトマン」に分類されている。全部で一〇〇軒前後のホテルが列挙されていて、ひとつひとつ見ていくととてもおもしろい。〈ムーリス〉とか〈ブリストル〉といった、有名ホテルがすでに開業していたことが分かる。鴨料理で名高い〈トゥール・ダルジャン〉は、ホテルの項目にも入っている。階下のレストランの鴨料理が名を馳せるのは、二〇世紀になってからのことらしい（図版）。ただし

〈トゥール・ダルジャン〉。上の階がホテルになっている。

〈グランド・ホテル〉の昼食の広告。「昼食が5フラン、テーブルは別々」とある。

その後も、ホテルは存続している。〈トゥール・ダルジャン〉に泊まったアメリカ人が置いていった新刊書は、河岸のブキニストに流れるから、ぼくはそれを買って読みふけったと、ヘミングウェイが『移動祝祭日』で回想しているのだから。

ここではホテル・リストの筆頭に図版つきで挙がっている〈グランド・ホテル〉の設備を点検してみよう。オペラ座近くの、この豪華ホテル――今も存在し、一階が〈カフェ・ド・ラ・ペ〉になっている――は、七〇〇室以上を擁する、帝都最大の宿であった。読書室には外国の新聞も揃っていたし、贅を尽くした撞球室でビリヤードを楽しめた。食事は、定食用テーブル（ターブル・ドット）でなら、ワイン付きで八フランで食べられたという。ここのレストランはノンストップで営業していて、深夜族を引き寄せていた。なお部屋代は四フランからというので、決して高くはないけれど、いい部屋なら四〇フランもした。早くもエレベーターがあって、夜中すぎまで動いていたというから驚く。油圧式であったのか？

「ガルニ」という貧困の記号

さてここでは、このガイドブックが意識的に名指しを避けている「オテル・ガルニ」について、ふれておく必要がある。

その昔、裕福な人々は、パリを訪れてどこに泊まったのだろうか？　知り合いでもいれば、その屋敷に泊まればいい。さもなければ彼らは、豪壮なアパルトマンを借りたのである。長期滞在の場合には、家具屋に頼んで、絨毯や調度品を運ばせ、室内を自分の好みで飾らせた。その当時、「絨毯屋（タピシエ）」といえば、広く家具屋あるいはインテリア業者を意味し、彼らに頼めば、注文どおりの部屋をセットしてくれた。家具類は、もちろんレンタルである。それればかりか、男女の使用人などを臨時に雇う長期滞在客も多かった。

ホテルの多くでは、長期滞在客を獲得すべく、家具付きの部屋を用意していたし、食事も安価に提供していた。こうした「家具付きのホテル」、これが「オテル・ガルニ」hôtel garni略して「ガルニ」である。

ただし「オテル・ガルニ」といっても、ピンからキリまであった。たとえば『外国人のための新パリ案内』（一八三六年版）を開いてみるとどうか。二〇前後の「オテル・ガルニ」が紹介されているなかに、先ほどの〈ムーリス〉や〈ブリストル〉といった名前も挙がっているではないか。いずれも現在ではパリを代表する最高級ホテルである。英国紳士などが定宿とした、こうした極上の「ガルニ」も存在したのだ。

ところが、ここから先が問題であって、実は「ガルニ」には、のっけから否定的なイメージがつきまとっていたのである。メルシエがこう書いている。

> 家具付きアパート（シャンブル・ガルニ）は不潔だ。哀れな異邦人にとって、不潔なベッド、八方から風が吹きこむ窓、なかば腐ったじゅうたん、ごみだらけの階段などを見るほどいやなことはないのに。（中略）劇場の入口で、敷石に立っては君を引きとめ、溝にはまりながらも追いかけてくる、あのふしあわせな女たちも、家具付きアパート住まいだ。（メルシエ『タブロー・ド・パリ』「家具付きアパート」）

このように不潔で、惨めで、いかがわしいイメージのせいで、旅人もパリから早々と逃げ出してしまうのだとまでメルシエは述べる。もちろん厳密にいえば「家具付きホテル」と「家具付きアパート」はちがうけれど、ともあれ「ガルニ」イコール「安宿」といったイメージが定着してしまう。たとえば出稼ぎ労働者のマルタン・ナドは、ひと部屋に一二人もつめこんだ「ガルニ」に寝起きしていた。六〇人も住んでいるのに、きたない便所がひとつあるきりだったという（ナド『ある出稼石工の回想』喜安朗訳、岩波文庫）。これでは、ほとんど「たこ部屋」や「飯場」も同然ではないか。

こんな事情もあって、「オテル・ガルニ」という呼び名は、日本語でいえば「木賃宿」みたいなイメージになってしまったのであろう。また、そもそもホテルの場合は、最低限の家具は備え付けてあったのだから、ただ単に「オテル」といえば、イメージが傷つくこともなかったのだ。こうして『パリ＝ディアマン』は、ホテルに関して「ガルニ」なる表現を回避した。その上で、「家具付きアパルトマン」にはもうひとつの「ムーブレ」meublé という汚れなき形容詞を添えたのである。

やがて都市生活者の悲哀や、労働者の貧しさを描くことの多かった「自然主義文学」にとって、「ガルニ」が不可欠の舞台装置に、貧困の記号になっていくことも強調しておきたい。名作『居酒屋』では、南仏から駆け落ちしてきたジェルヴェーズとランチエが、パリの場末の「みすぼらしいガルニ」でその日暮らしをしている。物語の冒頭、女のところに外泊したランチエを待ちながら、ジェルヴェーズは、自分の運命を「ガルニ」と重ね合わせる。

> 彼女は涙で曇った眼で、みすぼらしい貸間をゆっくりと見まわした。引き出しがひとつなくなっているくるみ材の箪笥（たんす）、わらをつめた椅子が三つ、脂でよごれた小さな食卓がひとつ、その上に縁の欠けた水差しがのっている。子供たちのために鉄製ベッドがひとつもちこまれていて、箪笥の前をふさぎ、部屋の三分の二ほどを占めていた。ジェルヴェーズとランチエの大トランクが部屋の隅に大きく口を開けて空っぽの横腹をのぞかせ、ずっと

底のほうに男物の古ぼけた帽子がひとつ（中略）暖炉棚のまんなかの、不揃いなふたつの亜鉛製燭台のあいだには、薄い薔薇色をした質札が一束のっていた。それでもこのアパートのなかでは良い部屋で、二階にあり、大通りに面していた。

モーパッサンからもぜひというならば、立身出世小説『ベラミ』を思い起こせばいい。しがない勤め人ジョルジュ（ベラミ）は、かつての戦友で、今は新聞社のデスクを務めるフォレスティエと偶然に再会する。気のきいた記事でも持参すれば、記者にしてやるぞといわれたジョルジュ、勇んで、場末の「ガルニ」に帰館する。

> 彼は紙くずやタバコの吸い殻や、台所の切りくずなどがちらばる汚い階段を、蠟マッチで照らしながらのぼっていったが、いつになく胸がわるくなるような嫌悪をおぼえ、一日も早くここから出て、じゅうたんをしいたきれいな家に、金持ちらしく住みたいと心があせるのだった。（モーパッサン『ベラミ』）

「ガルニ」が象徴する、みじめな生活から脱出したいという欲望、これこそジョルジュの闘志の源であった。やがて彼は、その美貌にものいわせてジャーナリズムの世界で成り上がっていく。虐げられた人々を描いたフィリップの小説もまた、もっぱら「ガルニ」で展開されたことはいうまでもない（『ビュビュ・ド・モンパルナス』など）。

このようにして、本来は「家具付きの」というニュートラルな意味を示すにすぎなかったのである。では「ガルニ」は、貧困や悲惨さの象徴に転落して、今ではほとんど死語となってしまったのでか？　パリで「家具付きのアパルトマン」を借りたいときには、なんといえばいいのも、『パリ＝ディアマン』と同じく、appartement meublé といえばいい。まちがっても、「ガルニ」などと口にだしてはいけない。

ゾラ『居酒屋』（一八七七年）

舞台は第二帝政期のパリ。洗濯女ジェルヴェーズが、市門のすぐ外の安宿（ガルニ）で同棲相手のランチエの帰りを待っている。だが、このやさ男、朝帰りすると、なけなしの金を持って、新しい女の元へいってしまう。やがてジェルヴェーズは、働き者の板金工クーポーのプロポーズを承諾する。ふたりはまじめに働き、長女ナナが生まれる。

だが洗濯屋を開業しようという矢先、クーポーは屋根から落ちて、労働意欲をなくし、酒に溺れていく。ジェルヴェーズは借金して、あこがれの巨大アパートの一階で洗濯屋を始め、順調にいくかに思われたが、徐々に崩壊感覚が浸透していく。半分やけになって、誕生日のディナーで大盤振る舞いをするジェルヴェーズ。そこにランチエが出現して、不吉な予感が。クーポーはなんとランチエを家に同居させて、ふたりで店を食い物にする。やがてジェルヴェーズは、ランチエに身体を許してしまう。こうして夫婦は、貧困と堕落の坂道を転げ落ちていく。クーポーはアルコール中毒で死に、ナナは家出娘となり、ジェルヴェーズものたれ死ぬ。都市問題小説として、今なおアクチュアリティを失っていない。《ルーゴン・マッカール叢書》（全二〇巻）の第七作。一〇回ほど映画化されているが、ルネ・クレマン監督の《居酒屋》（一九五五年）が有名である。

ドイツでは「ガルニ」に泊まれ

ところがである。伝統は周縁に残るなどといったらお叱りを受けそうだが、「ガルニ」という言葉は、現在もドイツ語にりっぱに残っている。ミシュランの赤本を開いてみよう。ホテル名のあとに garni と書いてあったりするではないか。むろん、ただの「家具付きホテル」という意味合いではない。そこで手元の独和辞典を引いてみると、Hotel garni は「朝食だけ出す簡素なホテル」とある。朝食だけということは、夕食がないこと、要するにレストランがないホテルという意味なのだ。国境を越えて、「オテル・ガルニ」のニュアンスが、いつのまにか変わってしまったらしい。

ということはつまり、ドイツではホテルにレストランが付いているのが標準だという理屈にもなりそうだ。このあたりがフランスの場合とは異なる。フランスではホテルとは基本的には宿泊のための空間であって、食事時には、どこか外のレストランに出かけるのが通例だ。ホテルのレストランが二ツ星・三ツ星というのは、きわめて稀なケースにすぎない。これとは逆に、三ツ星レストランがホテルを兼ねている例ならば見かける。そうしたレストランは、えてして地方の辺鄙（へんぴ）な場所に店をかまえていたりして、サービスで宿泊施設を付けている。あくまでも宿泊は添え物にすぎないのである。

　では、食事付きのドイツのホテルと、「ガルニ」と、どちらを選ぶのか。わたしの場合、不幸なことにドイツで美食に遭遇した経験がほとんどないから、迷ってしまう。でも、ドイツを愛する小説家ミシェル・トゥルニエ（一九二四—二〇一六年）は、この国では「ガルニ」に泊まるという。「ホテルのレストランは質が劣るし、騒々しいし、臭いもひどい」から、ドイツでは「ガルニ」を探すのが大正解だとおっしゃる。そういっておいてから、この散文の名手は、「ガルニ」なる言葉が原産国フランスでやけに評判が悪いことに思い至る。そこで、ドイツ国を旅するフランス人よ、「〈ガルニ〉はドイツ語では、シラミや垢や連れ込み宿の同義語ではないのです。単にレストランのないホテルのことなのですから、誤解しないでいただきたい」と書き添えるのである（『ニュルンベルク　一九七一』）。わたしもまた、トゥルニエの教えを尊重して、今度ドイツを訪れたら「ガルニ」に泊まりたい。でも、問題はその先、町でいかにして美味しいレストランを見つけるのかということにあるのだが。

「アルルカン」とは?

さて『パリ=ディアマン』に話を戻そう。食事どころに関しても、高級レストランから、市門周辺の安食堂まで、ランク付けがなされていて興味深い。ごく簡単に紹介しておく。

レストラン　まずパレ=ロワイヤルや周辺のパサージュに多かった「定食レストラン」が十数軒挙げられる。たとえばパノラマ小路の〈ディネ・デュ・コメルス〉は昼食が一・七五フランと二フランの二コースで、夕食が三フランだが、お子さまは半額だという。またパレ=ロワイヤルの〈タヴェルニエ〉は少し安くて、昼食が一・二五フラン、夕食は二・五フランとのことである。

「アラカルトのレストラン」が別項目をなしている。まず、こうしたレストランでひとりで食事すると、最低でも四~五フランはかかりますよと、注意が喚起される。要するに定食屋のほうがお得なのだ。こうして中堅どころの店が紹介される。

次に高級レストランだけれど、図版が掲載されているのは、パレ=ロワイヤルの〈フレール=プロヴァンソー〉と、シャンゼリゼの〈ルドワイヤン〉の二軒。プチ=パレの横に邸宅風の建物をかまえる後者は現在でも、別格扱いの店である。その他、パレ=ロワイヤルの〈ヴェフール〉(現在は〈グラン・ヴェフール〉)なども、ここに紹介されているが、あの〈トゥール・ダルジャン〉は「アラカルトのレストラン」に入れられて、まだ美食の番付では三役入りしていない。

定食用テーブル（ターブル・ドット）　これは宿泊客、レストランの常連用の指定席みたいなもので、定刻にだまって座席に着けば、日替わり定食が給仕されるという仕組み。とりわけ独身者や独居老人には便利なシステムであって、今でも、レストランの片隅がこうした指定席になっているのを見かける。『パリ＝ディアマン』ではここに、まかない付きの下宿屋（パンション）――バルザック『ゴリオ爺さん』の世界だと思っていただけば分かりやすい――が、何軒か挙げられている。とりわけヴィクトワール広場近くのデラメ未亡人のパンションがお勧めだという。二〇人分ほどのテーブルがあって、昼食一・四フラン、夕食一・九フランでごちそうにあずかれるが、男性専用とのこと。

ブイヨン　安食堂だけれど、スープからデザートまで、一応コース料理を味わうことができる。肉屋のデュヴァル氏が始めて、パリ各所にチェーン展開した。パサージュ・ジュフロワのところで紹介した〈シャルチエ〉など、今もいくつか残って

㉛　〈ブイヨン・ラシーヌ〉。〈ブイヨン・カミーユ・シャルチエ〉は、昔の名前。現在は、名の知られたベルギー料理の店。

安食堂〈プチ・ランポノー〉。「この人々は帰ってくる、酒樽のにおいを香らせながら、戦いに髪は白くなり、古い軍旗さながらに口髭を垂らした、戦友たちをひきつれて」（ボードレール「屑屋たちのワイン」）。

はいる。たとえばサン＝ミシェル通りからラシーヌ通りに入って左側に、〈ブイヨン・ラシーヌ〉というレストランがある。ベルギー料理で少しは名の知られた店で、わたしもフランスの学者を囲んで食事をしたことがある。アール・ヌーボー風の外壁が、昔の「ブイヨン」時代の面影をとどめていて、どうやら〈シャルチエ〉の系列であったらしいと判明する（写真㉛）。なお通りの反対側のホテルの四階の一室が、シャルル・クロが作った「ジュティスト・サークル」のたまり場で、アルチュール・ランボーもアブサンを飲

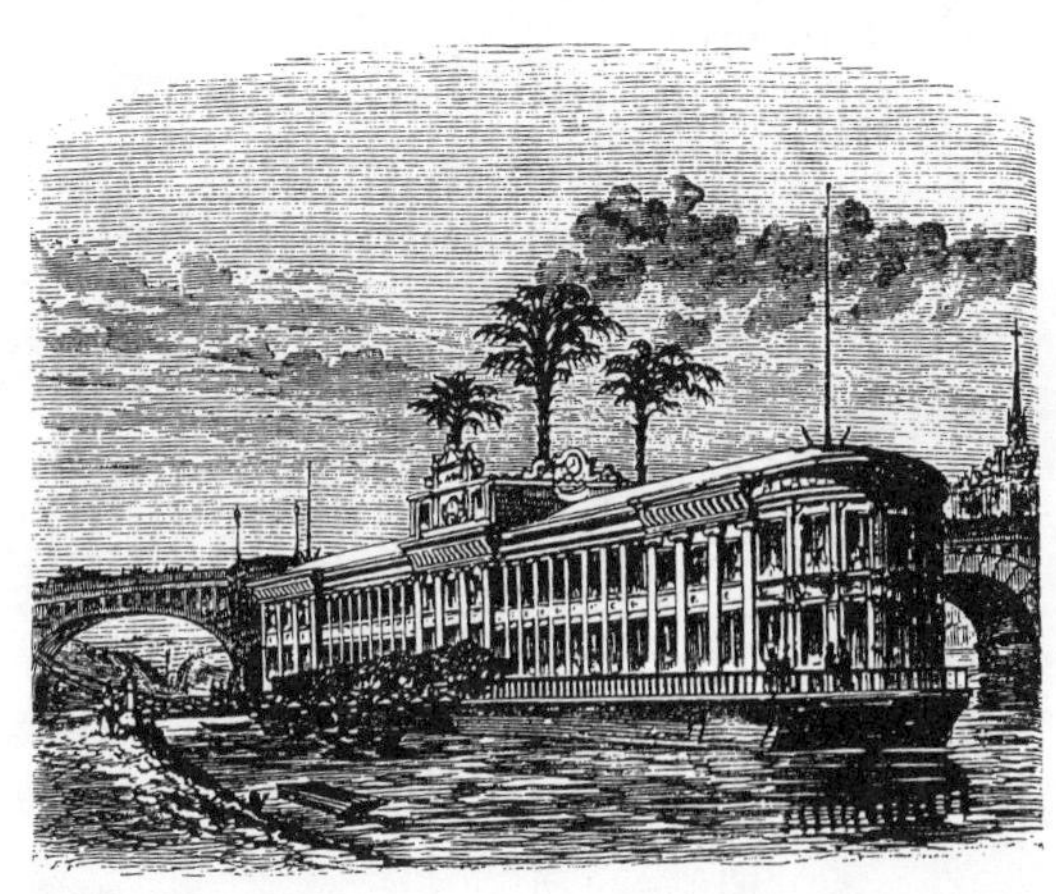

サマリテーヌ浴場。

み、大麻を吸いながら、「こいつをやると黒い円と白い円が、次々出てくるんだぜ」なんていっていた。

市門界隈の安食堂　市門を出たところには、一杯飲み屋や飯屋もあれば、踊れる「ガンゲット」（後述）もあって、周縁の飲食文化を演出していたものの、一八六〇年にパリ市に編入されてしまい、かつての個性は失われつつあったようだ。ガイドブックを読むのは裕福な階層と思われるが、こうした安食堂まで一応記述してあるのがおもしろい。今のモンパルナス駅近くにあった〈プチット・カリフォルニー〉や、蚤の市が開かれるクリニャンクールの〈プチ・ランポノー〉は、「ぼろを着た連中」が集う安食堂のチャンピオンとして有名だった（前ページ図版）。したがって、細民の風俗を学ぶための絶好の場所として、見学が勧められるのである。市内のレストランから回収された残飯は、こうした安飯屋で出されていた。ごちゃまぜの残飯は、道化師のまだら模様の衣装になぞらえて「アルルカン」（英語の「ハーレクイン」）と呼ばれ、零落したジェルヴェーズは、これに食らいつくのだった（『居酒屋』）。

以下、**食料品店**、**ケーキ屋・菓子屋**（サン＝トノレに〈シブスト〉なる店があるが、ケーキの「シブスト」発祥の地か）、**カフェ**（一番有名なのは、パレ＝ロワイヤルの〈ロトンド〉で挿絵入り）の解説がなされる。次いで、**ビヤホール**など、**居酒屋**（マルシャン・ド・ヴァン）（「労働者しか出入りしない」との注記あり）、**タバコ屋**、**療養所**、**浴場**（セーヌに浮かぶ〈サマリテーヌ浴場〉が挿絵に。前ページ図版）、**有料トイレ**（十数ヵ所を掲載。料金は一五サンチーム）となっている。

2　局留め便、ひとむかし前のメール

料金後納というマナー

さて第三章はもりだくさんであって、**大使館・領事館**、**各省庁**、**主な公共機関**（登記所、税関など）で始まり、**警察**や**郵便**（わざわざ「切手」の説明がある）、**郵便局**（非常に詳しい説明）、**電報**（詳しい説明あり）と続く。そして**両替商**、**各種のクラブ**（ジョッキー・ク

ラブ、鉄道クラブなど)、**読書クラブ**(六軒を掲載)とくる。たとえば「両替商は、大部分がパレ＝ロワイヤルのアーケード、グラン・ブールヴァール、ヴィヴィエンヌ通りに店を構えている」とあって、パリ中心部に集中していたことが判明する。そして最後が写真館となっている。

第四章では、**観光コース見本**(一日、二日、一週間、二週間の四通り)、**美術館・図書館などの開館日と時間、劇場**が扱われ、第五章においては、**蒸気船**(パリとサン＝クルーの間が一フラン)や**鉄道**(〈東部鉄道〉〈リヨン・地中海鉄道〉〈パリ環状鉄道〉など合計七社。〈パリ環状鉄道〉のみ、料金表を掲載)の情報が記載されている。

ここでは、**郵便と写真館**を取りあげてみたい。

郵便はもっとも重要な通信手段として、『パリ＝ディアマン』では非常に詳しい説明がなされている。当時の郵便事情についてはつまびらかにしないが、いくつか興味深いことが判明する。ひとつは郵便物に切手を貼った／貼らないという区別が、明確になされていることである。たとえば手紙の場合、切手が貼ってあれば二〇サンチームでいいが、貼られていなければ三〇サンチームとられる。切手を貼っていないとは、要するに「料金後納」であって、受取人が払うのだが、ずいぶん割高になっている。このことに関しては、しかるべき理由が存在した。その昔は、手紙を書くのは、社会的地位の高い人間にかぎられていたし、受取人払いがふつうだったという。料金を前納することは、受取人に支払い能力がないことを前提としていることになりかねず、礼を失していると考えられたというのだ。いかにも古き良き時代の発想というしかない。こうした書簡文化の貴族主義を打破して、前納システムを世界で最初に実現したのがイギリスで（一八四〇年）、その際に発行されたのが有名な「ペニー・ブラック」切手にほかならない。やがてフランスでもイギリスにならって料金前納制度が発足し、豊穣の女神ケレスをあしらった切手が発行された（一八四九年）。一サンチームから五フランまで一〇種類の切手がありますよと説明してあるものの、依然として受取人払いのことも多かったにちがいない。

もうひとつは、パリ市内とそれ以外で、料金システムが異なる事実だ。電話の料金体系を連想すれば分かりやすい。パリ市内、つまりパリからパリへの郵便だと、半額の一〇サンチーム（後納ならば一五サンチーム）で済む。なお郵便料金表には、パリの個所に「パリの市域とは城壁内部のことで、そこが境界になっている」と、わざわざ注が付されているのも興味深い。パリの市域が、ティエールの城壁にまで拡大されて、全一二区から全二〇区となったのが、ほんの少し前の一八六〇年であったから、老婆心までに書き添えたものと読める。

まずは中央郵便局へ

次に郵便局の項であるが、開口一番、「局留め便」poste restante は中央郵便局でしか受け取れませんよと注意が喚起される。その昔の旅人にとって、局留め便とは、この上なく重宝な通信手段なのであった。とにかく、宿泊先が未定でも、相手からのメッセージを受け取れるのだ。でも大都市パリだからといって、手近の郵便局で局留めを利用できるわけではないのですよと、ガイドブックは釘をさしている。

わたしも、「局留め便」にはことのほか愛着がある。それはフランスの田舎やイタリア各地をさまよった時分のこと。なにしろ自慢ではないが、農家のトラクターに始まって、パトカーもつかまえたし、はては小雪の舞うなかを神父さんのオートバイに乗せてもらい、中部イタリアの峠を越えたりしていたのだ。そんな若者にだって、家族もいれば、恋する人もいたわけで、局留め便こそは、ほとんど唯一の連絡手段なのだった。

電話があったのでは？　なるほどそうなのだけれど、わが青春時代、ヨーロッパから国際電話をかけるのはひと仕事だった。カルチエ・ラタンの安宿に泊まっていて、日本に電話をする必要があるときは、メトロのオデオン近くの郵便局に歩いていった。窓口で国際電話を申し込んで、ひたすら待つ。しばらくすると「ムッシュー・ミヤシタ、キャビーヌ・シス」とかなんとかいわれる。日本と電話がつながったのだ。そこで一秒たりとも無駄にすまじと、六番ボックスに走っていき、受話器のかなたに向かって用件を早口でまくしたてるのだった。

このようにして、昔は郵便局が、情報の中継基地としてとても重要な役割をはたしていた。やはり、プルースト『失われた時を求めて』が忘れがたい。ノルマンディのドンシエールの町に滞在している話者が、郵便局の電話でパリの祖母と通話するシーンは、この遠くて近い、（愛する人の）声なるものの本質を、「顔のない声」を聴くということの真理を語ったところの、不滅の文章といえよう。

あのひとだ、あのひとの声だ、われわれに話しかけているのは、そこに聞こえているのは。だがなんと遠いことか、その声は！（中略）そのたびに私は、われわれが愛するひとをつかまえるのに手をのばすだけでいいと思われるときにも、愛するひとからどんなにへだたっているかわからないことを、切実に感じさせられるのであった。（中略）かくも遠くから話しかけているひとの顔が見えない私には、その声が二度と浮かびあがってはこられない深淵から叫んでいるように思われた……。（プルースト『失われた時を求めて』「ゲルマントのほう　1」）

いや、プルーストの文章の一部分を切りとっても、大切なものが指のあいだから砂のようにこぼれ落ちてしまうから、やめておく。それにしても、遠くの声を常時呼び出せるようになった今、あの締めつけられるような胸の不安はどうなってしまったのだろうか？

さて話は、「局留め便」のことであった。ローマやフィレンツェなど、訪れる予定の都市をあらかじめ教えておいて、そこに局留めで手紙を送ってもらった。時代は一九世紀ではないのだから、別に中央郵便局でなくてもよかったのだが、未知の都会の郵便局事情など分かるはずもないから、いつも中央郵便局に局留めにしてもらった。たとえば宛先をPoste Restante——Romeと書けば、自動的にローマの中央郵便局に届いて、留め置いてくれる。指定した都市に到着すると、なにはさておき中央郵便局に直行して、局留め（イタリア語ではfermoposta）と書いてある窓口に並ぶ。たいてい、端の窓口であった。パスポートを見せると、局員が郵便物を探してくれる。はたして手紙は届いているだろうか？　心ときめく一瞬！　そして手数料を支払って、日本からの手紙を受け取るのだ。パリでは、ソルボンヌ近くの郵便局を局留め便に使っていた（料金は覚えていないが、少し前は三フランだった）。

しかしながら、よく考えてみれば、電子メールというのも、プロバイダーのところに届いていて、それをインターネット経由で受け取りにいくシステムではないか。到着メールの確認をする瞬間、期待と不安が交錯するのだから、これを電脳時代の「局留め」と呼んでもおかしくない。いや逆に、局留め便を、超アナログ時代のメールと呼ぶことにしておこう。

中央郵便局までいっても、空振りだったら、何日間かおいてまた確認にこなくてはいけない。ままよとあきらめて、その町を立ち去ることもまれではなかったから、遅れて届いた手紙は廃棄されてしまったにちがいない（現在では一五日間保管とのこと）。それにしてもあの頃、「局留め」の窓口はいつも長蛇の列であった。わたしのような旅人もいたけれど、移民労働者みたいな感じの人々が目立って、不思議に思ったことが忘れられない。

いつの時代にも、隠れた愛なるものが存在する。そうした愛を実行するには、秘密の連絡手段が欠かせない。そこでたとえばエンマ(フロベール『ボヴァリー夫人』)はどうしたか? 恋人との逢瀬をはたすために、秘密の手紙や恋文を乳母のロレーに運ばせていた。だがエンマが服毒自殺すると、夫のシャルルは乳母から運び賃を要求される始末である。ふんだりけったりではないか。こんなことなら彼女は、局留め便を使えばよかったのにとも思うのだ。なんといっても局留め便とは、バルザックがハンスカ夫人に書いているように、もっとも確実なる秘密の通信手段であったのだから。

バルザック氏には、つねに局留めでご郵送ください。パリの局留めほど安全で、神聖かつ侵さざるものはありません。夫といえども、妻に宛てた手紙を引き出すことはできません。そして局は、夫をともなっていない妻にしか、手紙を渡しません。(中略)パリにおける局留めの、この完璧さは、他の国の智恵に対するパリの智恵の優越性を、いつも納得させるものなのです。(ハンスカ夫人宛て、一八四一年九月三〇日)

とはいえエンマはノルマンディの田舎住まいである。憧れのパリの街を地図の上でなぞりながらも、ついに一度も見ることなく死んでいった身なのである。片田舎の郵便局で局留め便などを利用したら、それこそ逆に噂を立てられたにきまっている。

それにしても、通信のシークレット・モードとしての「局留め便」のエピソードで、幾度読み返しても感動するのは、こんな一節だ。

> それから、バラ色紙にしたためたぼくの手紙、受け取ってくれたことと思う、そして返事も出してくれたことと思う。明日は、たぶん来ているにちがいない君の手紙を、ぼくのいつもの局留め郵便局に取りに行き、返事を出すつもりだ。（中略）でもいったいいつ、ぼくたちは、例の十字架の道行きを始めるんだい。（一八七二年四月二日）

二人の「十字架の道行き」を呼びかける手紙。かつて、生きざまとしての文学にいささか過剰な思い入れをしていた若者にとっては忘れがたい、これはヴェルレーヌの手紙である。頭書の部分には「カフェ、〈クロズリー・ド・リラ〉から」とある。そうなのだ、半世紀後に、アメリカからやってきた若きヘミングウェイが毎日のように通った、あのカフェである。実はこのカフェとは目と鼻の先のカンパーニュ＝プルミエール通りには、少し前まで、この手紙の相手、ヴェルレーヌの思慕する若者、天才詩人のアルチュール・ランボーが寝起きしていたのである。

前年、アルチュールが送りつけた詩に驚嘆したヴェルレーヌが、「偉大なたましいよ、来たまえ」と詩人を上京させたことは、前に述べた。ところが、ランボーのせいでヴェルレーヌの生活は乱倫をきわめ、妻マティルドへの暴力もエスカレートして、マティルドは生まれたばかりの息子を連れて、田舎に逃れてしまう。そこでヴェルレーヌは、ランボーとの関係にいったん終止符を打って、家族との平和な生活を再開するのだった。とはいいながら、アルチュールへの思いは断ちがたく、二人は局留め便を利用して、ひそかに手紙をやりとりしていた。引用の部分で、「局留め郵便局」と「十字架の道行き」の二ヵ所には下線が引かれているという。なんとも意味深長ではないか。期待と不安にどきどきしながら、セーヌ右岸、ヴィクトワール広場近くの中央郵便局まで一〇歳も若い男からの手紙をとりにいったヴェルレーヌの姿が浮かんでくる。

ランボーはランボーで、母親がとてもうるさいから、自宅に手紙を送らせるわけにはいかなかった。ヴェルレーヌの手紙は、シャルルヴィルの友人宅に送られたにちがいない。

やがて夏の初めの頃に、二人は「道行き」を実行し、ロンドンに渡って共同生活に入る。相変わらずトラブルが絶えない。そこでヴェルレーヌは、妻との和解を誓って英国を離れる。でも、なんといったって優柔不断が、この人の持ち味なのだからして、連絡船の上で、「乱脈で、君の気まぐれ以外に原因のない修羅場ばかりの生活」にけりをつけたいんだと、ランボーに決別の辞をしたためながらも、「ブリュッセルの局留めで」返事をくれないかと思わず付け加えてしまう。そこでアルチュール、「ぼくといて初めて君は自由になれるんだ」、「ぼくは君を愛しているんだ」と書き送る。ポールは、「スペイン志願兵、ここリエジヨワ・ホテルに到着」と暗号めいた電報を打つ。こうして両者は、ブリュッセルで再会を喜ぶ。だが、それもつかのま、ランボーに拳銃をぶっぱなしたヴェルレーヌは刑務所入りとなってしまう。「ブラッセルにおける驚くべき喜劇」（小林秀雄）という、あまりに有名な終章を迎えるのだった。このようにして、二人の修羅場の演出には、「局留め便」が一役も二役も買っているのである。

一八歳未満禁止

この局留め便、その昔は、一八歳未満の者は利用できなかったという。ひょっとすると現在もそうなのかもしれない。このことを知ったのは、新米のフランス語教師として、地方都市の市民講座で『肉体の悪魔』を読んだおかげだ。翻訳を読んだのは、まだ純情な高校生の頃のこと。「彼といっしょに幸福でいるより、あなたといっしょに不幸でいる方がいいの」というマルトの殺し文句にまいってしまい、こんなことといわれたらどうしようと思った。

リセに通う主人公は、年上の人妻マルトと愛人関係になる。やがて夫のジャックが、休暇で前線から帰ってくる。第一次大戦のさなかの物語である。「官能の断食」を余儀なくされた主人公は、マルトに局留め便での連絡を頼む。

ぼくは毎日手紙を書いてくれることを、マルトに誓わせた。そうして手紙を一通は確実に手に入れるために、三日もしてから局留め郵便をもらいに行った。手紙は、もう四通も来ていた。それなのに渡してくれないのだ。身分証明に必要な書類のひとつが足りなかったからだ。満十八歳にならなければ、局留め便が使えないから、出生証明書を偽造していただけに、よけい不安だった。(『肉体の悪魔』)

「ぼく」がいくら窓口でねばっても、手紙を渡してはもらえなかった。そして翌日、家に配達してもらうことになった。でも、幸いなことに家族には見つからずにすんで、彼は愛するマルトからの手紙を読むことができた……。

ランボーとヴェルレーヌ、「ぼく」とマルト。たちはだかる障害が、時には愛を強固なものにするし、時として手ひどいものにも変える。昔日のメールともいえる局留め便が、そうした恋人たちのかけがえのない通信手段として機能していたことだけは確実なのである。

レーモン・ラディゲ『肉体の悪魔』(一九二三年)

第一次大戦中のパリ近郊、マルヌ川沿いが舞台。リセに通う主人公は、年上の女マルトに惚れる。やがて彼女は結婚するが、夫はすぐ前線に向かい、「ぼく」とマルトは頻繁に会う。自意識が強く、観念ばかり先だつ主人公ではあるが、ようやくマルトと結ばれる。そして毎日、彼女のもとに通いつめ、やがてマルトは妊娠する。終戦が訪れる。この不倫の恋も終わりを告げて、月足らずの子供を産んでまもなく、マルトは死んでしまう。戦争もしょせんは、「四年間のヴァカンス」にすぎなかったのである。

心理分析が随所にでてきて、箴言集のようなおもむきもある。「幸福はエゴイストである」、「恋愛とは、しとしとと降る慈雨のような、恵み深い怠惰である」、「愚直さ(ナイヴテ)は年齢を問わない。年寄りの愚直さが些細なものとはかぎらない」等々。

ラディゲを愛したジャン・コクトーの尽力で出版されたが、作者はほどなく二〇歳の若さで死ぬ。何度も、映画化されている。《肉体の悪魔》クロード・オータン゠ララ監督、ジェラール・フィリップ、ミシュリーヌ・プレール主演(一九四七年)／《肉体の悪魔》マルコ・ベロッキオ監督、マルーシュカ・デートメルス、フェデリコ・ピツァリス主演(一九八六年)、など。

3　写真館の時代

「小さな肖像」

「パリのかなりの写真屋が、その優れた仕事の質によって、不動の評判を獲得しています」

と前置きして、『パリ＝ディアマン』は約三〇軒の写真スタジオを掲載している。世は、写真館ブームなのであった。ガラス乾板によるネガ・ポジ法により焼き増しが可能となり、名刺判の発明によってポートレートの撮影が最新流行となって、金持ちも庶民も写真スタジオに押しかける時代が訪れていた。パリの写真館の激増ぶりが、そうしたブームを物語る。一八五一年には二九軒にすぎなかったのに、五年後には一六一軒と爆発的に増えているのだ。いやこれぐらいで驚いていてはいけない。一八六五年には、なんと首都に八〇〇軒というのだから、まさに街を歩けば写真スタジオにあたるといったありさま。地方でも似たような事情であって、たとえば人口四万ほどの地方都市リモージュで、一〇軒以上の写真館が競っていたという。

町や村の縁日では、写真の実演販売がさかんにおこなわれた。広場に大きな幕が張られ、おおぜいの野次馬の前で、男はまず三脚とカメラを、次いでおもむろに黒い布を取り出す。どこか手品師や香具師のいでたちにも似ていた。客が、自分の身分や職業を示すモノを抱えたりして、神妙な面もちでポーズする（写真㉜）。こうして写真屋は、その町に数日滞在して写真を撮りまくり、この摩訶不思議な新技術について得々と解説すると、いずこにか立ち去ってしまう。ジュゼッペ・トルナトーレの映画《明日を夢見て》でも、シネマ時代のおとぎ話とはいえ、巧みな香具師の口上に乗せられて、いんちきとも知らずにカメラの前で嬉々としてポーズする人々が描き出されていた。そしてまた、子供時代のわたしも「日光写真」

というマジックを演じてみせる香具師に魅了された口であった。ダゲレオタイプの時代から、写真とはこうした神出鬼没の「香具師」の雰囲気と無縁ではない。

こうして人々は、小さな肖像によってみずからを確認し、また家族や友だちの、訪れた場所の思い出を保存できることになり、「以後、過去は現在と同様に確かなものとなったのである」（バルト『明るい部屋』）。同時にまた、作家、政治家、そしてナポレオン三世、あるいはオペラ座の歌手やダンサー、さらには犯罪者や大男など、有名な人々の写真が流通することとなった。ブロマイドの時代の幕開けである。

㉜　移動写真館。1860年頃、撮影者不明。植木を持ってポーズする男。後方のじょうろも、男が持ち込んだのであろう。となれば男は庭師か、はたまた植木いじりが趣味なのか。椅子を安定させるための工夫にも注目。

ランボーを撮った写真家

では一九世紀の旅人になった気分で、パリの写真館の紹介に耳を傾けてみよう。「肖像写真」「風景・建築物の写真」「立体写真」「馬の写真」「ギャラリー」に分類され、それぞれスタジオが紹介されている。

「馬の写真」が独立したジャンルをなして、ディズレリなど三軒の写真店が掲載されていることが奇異にうつるかもしれない。実は、馬が走っているとき、その四肢がいかなる動きをみせているのかを正確に把握すること、要するに運動を写真というコマ割りによって視覚化することは、この世紀のオブセッションなのだ。世紀の半ば、瞬間露出が可能になり、ギャロップする馬の姿がはじめて写真として固定された。すると走る馬の四肢の動きは、それまでの絵画表現とは異なるものであることが判明した。ならば、ジェリコー（一七九一―一八二四年）の《エプソムの競馬》は、虚偽の表象であったのだろうか？　芸術と科学、あるいは人間の知覚と写真的知覚の差異をめぐって、さまざまな議論や試行錯誤がおこなわれていく。やがて生理学者エティエンヌ＝ジュール・マレー（一八三〇―一九〇四年）は「クロノフォトグラフィー」という連続写真にのめりこんでいく。いずれの場合も、参照系をなすのは、疾走する馬なのであった。このガイドブックで「馬の写真」が独立項目となっているのも、こうした当時の写真術における馬という対象の特権的な地位を反映しているものと思われる。

次に、肖像写真を専門とする写真館のリストを見てみよう。ボードレール、マネ、デュマ、パリで長く活躍したロッシーニなど著名人のポートレート写真で知られるナダールは、キャピュシーヌ大通り、〈グランド・ホテル〉の前で巨大スタジオを構えている。一八五五年のパリ万博公式カメラマンとして、また皇帝ナポレオン三世の専属カメラマンとして名を馳せたディズレリは、「イタリアン大通り八番地で個展を観られる」とある。このようにして『パリ＝ディアマン』は二〇人ほどの肖像カメラマンをリストアップするのだ。たとえば挿絵画家として有名なベルタルが、名刺判写真を撮っていたことに一瞬驚かされるものの、よく考えてみれば、ナダールだって元は風刺画家だった。写真の世界は「画家になりそこねた連中のたまり場だ」（「一八五九年のサロン」）というボードレールの皮肉なことばが思い出される。

とはいえ肖像写真館のリストを眺めていて、はっとさせられるのは、「カルジャ、ラフィット通り五六番地」とあることだ（ラフィット通りはブールヴァール・オスマンを北に入ったところ）。一八七一年、パリに彗星のごとく出現し、いやむしろ隕石のごとくに落下してきたランボーの伝説的な写真を撮影したのが、詩人・風刺画家としても知られるカルジャ（一八二八―一九〇六年）であった。カルジャ写真館でポートレートを撮っているヴェルレーヌが、ランボーを連れていったにちがいない。少しあいだをおいて撮影されたとおぼしき

㉝、㉞　ランボー（カルジャ撮影）。いずれも1871年頃の撮影とされる。急速なる変貌に、驚かされる。

二枚の写真が残されているが、片方がまだあどけない少年の面影を残しているのに対して、もう一枚のポートレートは顔や口元もひきしまっており、この時期、詩人が急速な変貌をとげたという証言を裏付けている（写真㉝、㉞）。もっとも神童に文学を手引きした中学教師イザンバールによれば、最初の写真の方がよく似ているというから、彼が思い描くランボーとは、こうした強情な感じの少年であったのかもしれない。

その翌年、《やくざなお人好し（ヴィラン・ボンゾム）》という名前の、新進芸術家たちの月例会が開かれた。場所は、サン＝シュルピス広場に面した建物の二階。凡庸な詩人がくだらない作品を朗読するのにがまんできず、虫の居所も悪かったランボーは、「くそくらえ」を連発する。「やめないか、このガキ」と言い返したカルジャと取っ組みあいになって、シャルルヴィルから出てきた若者は、ヴェルレーヌから借りた仕込み杖で写真家に傷を負わせてしまう。この事件はカルチエ・ラタン中の噂となった。そして憤慨したカルジャは、ランボーを「ヒキガエル」（＝いやな野郎）と罵倒して、写真の乾板を捨ててしまったという。「カルジャの亡者め、君にからんでるぜ」——「局留め便」のところでも紹介した「十字架の道行き」をそそのかす書簡（一八七二年四月二日）で、ヴェルレーヌはこう書いている。

鬼才ランボーの襲来は、名高い集団肖像画にも、側杖（そばづえ）をくらわせずにはおかなかった。ファンタン＝ラトゥールの《テーブルの片隅》（一八七二年、オルセー美術館）のことで、この絵こそは《やくざなお人好し》の仲間たちを描いたものなのであった。ところが詩人アルベール・メラが、「女衒（ぜげん）やどろぼうといっしょなどごめんだ」といって（ゴンクール兄弟の証言）、ランボーやヴェルレーヌと共にポーズすることを拒否したのだ。すでに構図はできあがり、今さら変更はできない。画家にとっては、予期せぬできごとであった。「天使にして悪魔」（ヴェルレーヌ）たるランボーの初々しさと、ヴェルレーヌのはげあがった額の対比が印象的なこのタブローの右端に、花瓶がいかにも所在なさそうに置かれている。これがメラの不在を補うための、苦肉の埋め草なのだった。

「立体写真」ブーム

「立体写真」とは、ステレオカメラで撮影したところの、微妙にずれた二枚の写真をいう。「立体鏡」と呼ばれる眼鏡を通してこれを眺めると、文字どおりステレオに見えるわけである。そういえば子供の頃、このずれを赤と青の二色で印刷して、右が青、左が赤の立体眼鏡をかけて見るものが雑誌の付録についていた。わくわくして眺めたものであったが、すぐに飽きてしまう代物でもあった。映画でも時々、こうした趣向のものがあって、たしかヒッチコックの傑作《ダイヤルMを廻せ！》（一九五四年）が本当はこうした立体映画だったと聞いたことがある。あの映画の、ややずれたような色調はこのことと関係あるのだろうか？

この立体写真、当時は大流行していた。発明したのはデヴィッド・ブルースターD. Brewster というイギリス人だが、本国では製品化できず、失意のうちにフランスに渡り、パリの眼鏡屋さんなどと協力して完成させたという。それを一八五一年のロンドン万国博覧会に出品したところ、ときのヴィクトリア女王がこれにいたく感心されて、立体眼鏡（ステレオスコープ）なる新発明は一躍その名を江湖（こうこ）にとどろかせたという因縁話が伝えられている。

『パリ＝ディアマン』には、バルデュス、トゥルニエなど五軒ばかりのステレオ写真館が紹介されている。立体写真の場合、専用の眼鏡が必要なわけだから、こうしたものも手頃な値段で売っていたにちがいない。もちろん立体写真を観賞させる小屋もあって、老いも若き

㉟　立体写真のぞき小屋の立体写真（1868年）。

も、レンズの向こう側で展開される仮想現実に興じていた（写真㉟）。遠眼鏡で見た押し絵の女に惚れてしまい、そのなかに入ってしまった男のように（江戸川乱歩「押絵と旅する男」）、立体写真という仮想現実に魅入られたパリジャンが、六〇〇〇枚もの写真を見せてくれる〈フェリエ＝スーリエ写真館〉などに押し寄せていたにちがいない。

こうした「写真」のうちにフェイクとしての芸術をみてとって、写真の義務は「科学や芸術に仕える下女」となることだと主張したボードレールは、肖像写真——自分もナダールに有名なポートレートを撮らせているくせに——や立体写真の流行を、こう揶揄する。

「自然と同一の結果をわれわれに与えてくれるであろう工業こそ、絶対的芸術であるだろう。」一人の復讐の神がこの群衆の願いを聴きとどけてく

㊱　子供向けの立体写真「赤ずきんちゃん」。

れました。ダゲールが彼らの救世主となったのです。そこで彼らは心にこう思います、「（中略）芸術とは写真のことだ」と。この時からして、汚らわしい社会が、ただ一人のナルキッソスよろしく、自らの低俗なる影像（イマージュ）を金属板の上に眺めるべく殺到したのです。（中略）いかがわしい男たちや、いかがわしい女たちを集めてきて、謝肉祭の時の肉屋や洗濯女みたいに変てこな恰好をさせたのを、群像にまとめて、これらの主人公たちに、どうか撮影に必要な時間だけ、せっかく作ったしかめっ面を続けていてくださいとお願いして、古代史の悲劇的あるいは優美な場面を描出したつもりになったのです。（中略）その後ほどなくして、何千という貪欲な眼が、立体鏡の覗き穴の上に、まるで無限を望む天窓ででもあるかのように、屈みこむことになりました。猥褻（わいせつ）への愛は、人間の自然な心情のなかで、自分自身への愛と同じほど根強いものであって、（中略）こ

> んな馬鹿げたことに快を覚えたのは学校帰りの子供たちだけだなどと、言わないでほしい。社交界の心酔するところでもあったのです。（中略）上流社会のご婦人が、こう答えるのを聞いたことがあります。「いいから見せて下さいませ。私にとってひどすぎる物というのは何もありませんのよ」。（ボードレール「一八五九年のサロン」）

たしかに『悪の華』の詩人の語るとおりであって、女性が両足を広げたところの、ポルノグラフィックな立体写真が大量に流通して、淫らな心に刺激を与えていた。とはいえ、子供向けの立体写真だって作られていたのだ。右頁の写真（㊱）は、ペローの童話「赤ずきん」で、赤ずきんちゃんは子供が演じているが、オオカミは石膏づくりである。もっと鬱蒼とした森で撮影すれば少しはリアリティが出るのに、昔の子供はうぶで、こんな写真でも十分に驚いてくれたんだと思うと、ほほえましい。立体写真は、しょせんお遊びにすぎない。ボードレールも、もう少し立体写真の味方をしてくれてもよかった。

4　まぼろしの公衆トイレを求めて

「タダションの方法論」

欧米人と一日中行動をともにしていて驚くのは、彼らが容易に尿意を催してはくれないことだ。とにかくビールなどを飲んでも、なかなかトイレに立ってはくれない。いつまでも悠然とかまえているので、わたしのようなトイレの近い人間にとっては、どうにも都合が悪いのである。

パリの街をそぞろ歩きしていても、われわれはトイレのことを気にしてないといけない。日本の都会でならば、デパートやファッションビルに駆けこめば、各階に清潔なトイレがあるから、すっきりした気分になれる。駅にだって、まずたいていはトイレがある。ところがパリの場合、駅にトイレはない。そもそもトイレなるものが、外部の人間に対して閉鎖的な存在であって、分かりにくくしてある。たとえばセーヌ河畔に新しくできた「フランス国立図書館」の場合、座席を立ってトイレにたどりつくのに五分ぐらいかかる。ぶあつい扉を何回も押して、いったん図書室の外部のような空間に出てから、カムフラージュされた扉を発見しなくてはいけないのだ。

映画館のトイレも見つけにくい。日本で映画館に行く時は、まず用を足してから席に座る。二時間近くスクリーンに集中するのだから、かなりの人がこうするにちがいない。ところがフランスの場合、この行動様式だとトイレはなかなか発見できない。ままよと思って、扉をあけ、客席のある空間に入っていくと、スクリーンの横に toilettes と書いてあったりするのだ。上映中トイレに立つ客が、スクリーンの横に消えていくのも妙な具合である。このあたりの空間感覚に、日仏の差異が存在する。

仮にトイレがあっても、決して安心できないことは、このわたしなど身をもって体験している。その昔、学生の仏語研修旅行の付き添いをしたときのことである。ニースから、貸し切りバスでカンヌやサン＝トロペへの周遊としゃれて、このバスはトイレ付きだから大丈夫だよなと、昼食時にビールを飲んだはいいけれど、いざとなると運ちゃんが「おれはふだん、トイレの鍵なんか持たないんだ」とのたまうではないか。なるほどトイレやゴミ箱は管理がたいへんなわけだから、なるべく使わせず、極力隠蔽するのが賢明かもしれないけれど、こちらはバスにトイレがあると思うからビールを飲んだのである。これは、あまりにひどい仕打ちではないか。高速道路のサービスエリアに寄ってもらって、間一髪ことなきをえたが、まさに冷や汗ものであった。

さて、パリの街で催したら、たいていの人はまずカフェのトイレをめざすにちがいない。でも、知らないカフェにさっさと入っていき、トイレだけを借りて、はいさようならというのは、案外と勇気のいることだ。玉村豊男さんも、パリ街角論の古典『パリ　旅の雑学ノート』（初版は一九七七年）で、「タダションの方法論」と題して、こう書いている。

「カフェに入り、だれか待ち合わせの相手でも探すようなフリをして店内をきょろきょろ見まわし、そのうちにスッと、何食わぬ顔で地下に降りて、用を済ませ、また何食わぬ顔をして、カフェを出て行ってしまう……というのもひとつの手だが、ちょいと演技力を必要とするし、うしろめたさが伴う」

まったくその通りなのであって、わたしなどは、なんだか申し訳ないような気がして、とりあえず座り、落ち着き払ったふりをして飲み物を注文してから、やおらトイレに行くと、先客がいてもだえるという経験を幾度したことか。そこで、玉村さんがお勧めの「スマートな」トイレ活用法とは、次のようなものであった。

「ごく普通にカフェに入り、カウンターのレジのところへ行き、《Un jeton, s'il vous plaît.》（ジュトンを一枚ください）といい、地下に降りて、電話室のとなりに入り、すがすがしく用を済ませ、帰りがけにレジに寄り、ジュトンを払い戻してもらうのである」

今や携帯電話の時代、ジュトンという電話機専用のコインを使う作戦とは、いかにもオールド・ファッションなアイデアである。この『パリ　旅の雑学ノート』はベストセラーとなって、エッセイスト玉村豊男を一躍有名にしたわけだけれど、「ジュトンを一枚ください」作戦を実行した読者はどのぐらいいたのだろうか？　なるほどとは思ったものの、待てよ、これだけの手間をかける度胸がある人間なら、堂々とトイレに直行できるのではというのが、その昔この個所を読んだときの感想であった。

ファジーな表現、ファジーな場所

いささか話の枕が長くなってしまったが、ここでは、昔のパリの公共トイレ事情をふりかえってみたい。革命以前は、本当にひどい状態だった。メルシエがこう伝えている。

「町には公衆便所というものがない。人通りの多い街路で、生理的欲求に迫られたとき、人々はとても困惑する。〔便所を借りようとして〕泥棒と間違えられるのがおちだ」（『タブロー・ド・パリ』「公衆便所」）

人々はテュイルリー公園などのいちいの木の陰にずらりと並んで大便をするのだったが、木が取り払われてしまい、「遠くからやってきた大便男は途方にくれた」というのだから、ご本人には気の毒だけれど笑ってしまう。やむなくセーヌの河岸まで脱兎のごとくに駆けていく連中もたくさんいたりして、美しき川べりも「視覚と嗅覚」には毒であったという。こう語ったメルシエは、医者にとって河岸は「流行の病気を知るための真の体温計ともなろう」とまで皮肉る。首都の公衆トイレ事情は、かくも劣悪なものであった。

とはいえ革命前にも、公共トイレがなかったわけではない。たとえばパレ＝ロワイヤルをアーケード街に変身させたオルレアン公は、ここに有料トイレをきちんと設置している。使用料は落とし紙込みで二スー、つまり一〇サンチームであったという。だが一九世紀を迎えると、パサージュもできて人々は漫歩を楽しむ習慣を身につけていくから、公衆トイレの必要性も急増し、少しずつ作られていったらしい。とはいえやはり、それらはどうも日陰の身なのである。例によって『外国人のための新パリ案内』(一八三六年版)を開いてみよう。ホテル、馬車、そして図書館・ミュゼの開館時間といった情報は載っている。たとえばルーヴル美術館など週一日、日曜日の一〇時から一六時までしか開いてないことに驚かされる。パサージュや貸本屋のことも少しは教えてくれる。ところがトイレの情報は皆無なのである。一八一六年版のパリガイドには情報が掲載されているものの、「独特な施設」と、いささか曖昧な名称をちょうだいしている。その場所も、「ヴィヴィエンヌ通り、財務局の向かい」などと、これまたファジーなのである。要するに、下半身にかかわる事柄をダイレクトに記述することを「はばかる」気持ちが働いている。フランスでも、やはりトイレとは「はばかり」の場所であるにちがいない。

フランス語においては、こうした「はばかり」の気持ちを複数形で示すのであり、うるわしくも「羞恥心の複数」とも呼ばれている。たとえば「トイレはどこでしょうか?」は、Où sont les toilettes (les W.-C.)? なのであって、「トイレ」を複数形にしなくてはいけない。いや、別に男子用・女子用があるからとか、便器や朝顔が複数あるからではない。ではなぜ複数形にするのかといえば、いうを「はばかる」ものを複数存在させることで、特定化を避けているのだ。分身の術によって、いわば正体をおぼろげにしているのである。

日本語の場合も、これを「便所」とストレートにいわずに、「トイレ」と外来語を使ったり、あるいは「ご不浄」「手洗い」など婉曲表現を用いたりして、その存在をぼかしている理屈になる。英語でも、「バスルーム」などと婉曲な言い回しを用いることは、学校でも習うにちがいない。まあ、バスとトイレは同じ部屋にあることも多いから、これでもよかろう。でも「休憩室」restroom だとこれはもうずらし技法だし、ただの「部屋」room ともなれば曖昧表現にも近い婉曲語法というしかない。

これがイタリア語となると、「トイレ」toletta/gabinetto は単数形でかまわない（ただしふつうは、「浴室」bagno という曖昧語法を使うはずだ）。そればかりか、ベルギーのフランス語では単数形でいいという話も聞いたことがある。どうやらトイレを複数形にして、その存在を曖昧模糊たるものにするのはフランス特有の習慣であるらしい。そしてこの国では、このファジーな表現に見合って、大学でも、役所でも、会社でも、トイレの場所がきわめて分かりにくいのである。

ランビュトーとマルヴィル

ついフランス語談義にまで脱線してしまったので、話をパリの公衆便所に戻そう。パリの公衆トイレの父は、七月王政時代（一八三〇―一八四八年）にセーヌ県知事となったランビ

㊲　通称「ランビュトーの円柱」。広告塔を兼ねた、最初の公衆トイレ（ネギ坊主型）。後方はアルコル橋とシテ島。

ユトー伯爵（一七八一—一八六九年）である。先駆的な「エコロジスト」として、彼はガス灯や公衆トイレの設置に力を注いだ。その結果、一八四三年のパリには、四六八もの公衆トイレがあったというからたいしたものではないか。奇しくも、当時全盛時代を誇ったフランス版貸本屋「読書クラブ」と、ほぼ同じ密度なのである。公衆トイレにはいくつかのタイプがあったけれど、もっとも目立つのは「ランビュトーの円柱」とあだ名された長身瘦軀のモデルであった。その正式名称を vespasienne という。公衆便所を設置して、「尿税」を課したと伝えられる、ローマ皇帝ウェスパシアヌス（在位六九—七九年）の名前にちなんだものである。マルヴィルが撮影した写真を見てみよう（写真㊲）。「ランビュトーの円柱」は、広告塔を兼ねるという画期的なアイデアを採用していた。市役所近くのこのトイレの場合、Parfumerie とあるから、どうやら香水の広告らしい。トイレで香水の宣伝とは、いいような、悪いような、なにやらけったいな感じだ。内側にもポスターが貼ってあって、用足しの際にじっと見つめる仕掛けになっている。芝居小屋が林立するフォーブール・サン＝マルタン地区には、この写真のようなネギ坊主型トイレがなんと三〇も並んでいたというけれど、それにしても、これだけ丸見えだと、用を足す殿方もさぞかし恥ずかしかったにちがいない。

やがて第二帝政時代（一八五二―一八七〇年）を迎える。ナポレオン三世は、セーヌ県知事オスマンに命じて、都市という社会的身体の改造に着手する。その目標は衛生的で、美しく、安全なパリの実現だった。広くて、直線的な大通りや並木道がつくられた。かつて風車が回っていた丘が掘り崩され、ざっくりと切り開かれたオペラ通りの突きあたりには遠からずガルニエ設計のオペラ座が誕生する。そして、あちこちに辻公園 square が整備された。英国亡命時に街角の小公園がいたく気に入ったナポレオン三世は、帰国して権力を掌握すると、さっそくこれをパリの街角にもつくらせたのである。

こうしてパリは変わった。詩人ボードレールが「うねうねと曲がりくねったひだ」と表現した古いパリは、健全なる直線の対立物として、少しずつ消去されていく。これにともなって、パリ中心部の建物の上階に住んでいた庶民は、都市の周縁部に追いやられる。貧困や汚染は周縁に、これが近代都市の掟である。こうして都市内部での棲み分けが進行していく。そんな場末町にナポレオン三世――『貧窮の根絶』なる著作もあらわしている――が建てさせた勤労者アパート、通称「シテ・ナポレオン」をモデルにして、そこに居住する労働者たちの悲哀を描き出したのがゾラの『居酒屋』にほかならない（くわしくは拙著『読書の首都パリ』みすず書房、を参照のこと)。それはさておいて、ここではオスマンの都市改造に反抗する、シャルル・クロ(一八四二―一八八八年)の詩に耳を傾けよう。

家は取り壊された。
ぼくが、きみの心と肉体をものにした
小さな巣も壊された、
ぼくの美しい恋人よ。

でもぼくにはいつでも見える。
明るい西の空に、消滅させられたこの彗星が。
石よ、セメントよ、鉄よ、崩れ落ちるがいい!
愛はけっして忘れ去られることはないのだ。

家々を取り壊せ、
四季の移り変わりを変えよ、
ぼくを驕奢さのなかに溺れさせるがいい。

でもあなたには、できない。
彼女のキスマークを消し去ることは。
真実、それはぼくが思っていることのなかにある。
（「元セーヌ県知事オスマン氏に捧ぐ」）

公衆トイレと無臭トイレ

こうして清潔な都市パリの象徴として、新たなデザインの公衆トイレが出現する。このモダン都市のランドマークを映像として定着させたのが、本書の「プロローグ」でも名前を挙げた写真家のシャルル・マルヴィル（一八一六―一八七九年）なのであった。これまた挿絵画家として一応の名をなしたのち、写真家への転身をはかり、「ルーヴル美術館専属カメラマン」という特権的な肩書きを獲得したマルヴィルは、いわば公式写真のプロとして活躍する。パリ市の委嘱により、近代都市のさまざまなインフラを撮影しているが、その代表がトイレの写真にほかならない。

ではさっそく、マルヴィルが撮った多くのトイレの写真から、いくつかを拾い出してみたい。トイレといっても、二人用のものもあれば、六人用のものもある。またどれも鉄板でカバーをほどこしてあるけれど、腰まわりだけ隠したトイレもあれば、まるで装甲車さながらに、がっちりとガードを固めたものもあったりして、さまざまな工夫が凝らされている（写真㊳、

マルヴィル撮影のトイレ。
㊳　2人用でカバー付き。コーヒー、チョコレート、ワインの広告が。うろこ模様の屋根に注目。
㊴　両側で6人用。後方に旧中央広場（レ・アル）の建物が見える。
㊵　これも6人用だが、装甲車タイプ。シャルリュス男爵が長居したのは、このタイプ？

㊴、㊵）。ただし脚の部分だけは、外から見えるようになっているのがみそで、これについては、後でまた取り上げたい。

一八六三年版のブルーガイドを繙いてみると、「パリには、市場の近くや橋のたもとなどに、公共の無料トイレがある。なるほど清潔に保とうとして、きちんと監視はしている。にもかかわらず、それらは、ほとんどが近寄りがたいしろものなのである」と、説明されている。

要するに、公衆トイレは不潔で使えませんよというのだ。ではどうすればいいのか？ガイドブックは、有料の「無臭トイレ」cabinets inodores の使用を勧めている。料金は五、一〇あるいは一五サンチームだけれど、「きちんと管理されている」から安心して使えますという。たぶんおばさんかなんかが毎日やってきて掃除をしていたのだろう。ということは、現在、急速にパリから姿を消しつつある「トイレ管理おばさん」dame pipi の起源は、このあたりにあるのかもしれぬ。では当時の主な「無臭トイレ」の場所をお教えしよう（ちなみに、一八六七年のパリ万博用に作られたガイドブックでは、右岸が二〇ヵ所、左岸が八ヵ所挙がっている）。読者は、一九世紀の旅行者になったつもりで、いざという場合にまごつかぬよう、頭のなかにデータをしっかりと叩きこまれたい。

パレ＝ロワイヤル：ボージョレ・ギャラリー、コメディ・フランセーズの近く

シャンゼリゼ大通り：凱旋門に向かって右側

パサージュ：パサージュ・ドロルム四番地、パサージュ・デ・パノラマ、パサージュ・ジュフロワ、パサージュ・ヴェロ＝ドダ四六番地

公園など：テュイルリー公園、リュクサンブール公園、植物園

広場：サン＝シュルピス広場、バスチーユ広場（共に五サンチームと格安）

駅：東駅、北駅、西駅（＝現在のサン＝ラザール駅）、リヨン駅、オルレアン駅（＝今はオルセー美術館）

駅や公園、そしてパサージュや繁華街で、こうした有料の「無臭トイレ」が観光客を待ち受けていたことが判明する。マルヴィルはもちろん、こうしたボックスタイプの有料トイレもきちんと撮影している。ここではサン＝シュルピス広場のトイレを見よう（写真㊶）。Cabinets Inodores A 5c「無臭トイレ、五サンチーム」とあるから、いちばん安い部類のトイレらしい。五サンチームは四〇円ほどだろうか、現在のパリの有料トイレ「サニゼット」sanisette と大差ないことになる（料金は二フラン）。もう一枚、これはマドレーヌ広場の一五サンチームのトイレで、壁紙や靴のポスターが貼られている（写真㊷）。Water Closets と書いてあるから、水洗式になっていたのだろう。そういえば、ずいぶん後の時代（一九二三年）になるが、大杉栄が書いた「パリの便所」という有名なエッセイを思い出す。大杉

は、ホテルの汚い便所ではどうしても大の方の用事を足せずに、町へ出て、料金二〇サンチームのところを五〇サンチームも奮発して「有料の辻便所」に入る。この水洗トイレで、すっきりした気分になったのである。

さて、パリの公衆トイレの歩みを簡単にたどってきたが、これらはすべて基本的には男性

マルヴィル撮影の「無臭トイレ」。
㊶　サン＝シュルピス広場のトイレ。料金は5サンチーム。左後方に、「ランビュトーの円柱」が。
㊷　マドレーヌ広場のトイレ。料金は15サンチームとある。ごてごてした装飾が特徴で、このタイプは15サンチームとられたらしい。

用のトイレであった。どの国でも事情は同じであって、トイレに関して、今も昔も女性は虐げられている。女性専用の公共トイレなど、長いこと存在しなかったのだ——あたかも女性は、生理的欲求などというはしたない気持ちはおこさないのだといわんばかりに。プルースト『失われた時を求めて』のなかで、使用人のフランソワーズが、女性用の公衆トイレがなくて不便だわとこぼしていたけれど（「見出された時」）、婦人用の本格的な公衆トイレの誕生は二〇世紀を待たねばならなかった。一九〇五年、マドレーヌ広場の地下に誕生したのが最初だという。

「ランビュトーの円柱」の進化論

ここで、公衆トイレの広告塔としての機能について考えてみたい。なるほど第二帝政時代を迎えると、公衆トイレは、鉄製の目隠しをつけたりして、その外観をとりつくろっている。とはいえ、それらが男子用トイレである事実にかわりはなく、女性からすれば、いくら香水の広告が貼られていても、じっとそれを眺めているわけにはいかない。はしたないと、いわれかねないではないか。便所とは、広告媒体としてはいささか厄介なものなのである。

そこでやがて一八六八年頃から、純粋な「広告塔」が出現する（写真㊸）。今もパリの街角を飾る「モーリス広告塔」、画家の佐伯祐三（一八九八—一九二八年）がよく描いたあの塔にほかならない（なおモーリス社は元来、劇場ポスターの制作会社）。これまたマルヴィルの写真だが、塔のてっぺんのデザインを比較すれば一目瞭然、モーリス広告塔というのは、実は公衆便所の広告メディアとしての機能が独立した建築物にほかならない。広告塔とは、まさに公衆トイレの弟分なのである。

そして話がここまで及ぶならば、パリの街を歩きまわったことのある読者には、もうひとつの「塔」のイメージが浮かんでくるのでは？　例によってマルヴィルの写真をごらんいただく（写真㊹）。「メリッサ水」という気つけ薬のポスターが貼ってあるから、「モーリス広

㊸　マルヴィル撮影の「モーリス広告塔」。屋根のデザインが公衆トイレと同一である。芝居やサーカスのポスターが貼られている。正面は、ダンスホールの入口であったという。

㊹　メリッサ水やチョコレートの広告が。でも実は、「キオスク」なのである（マルヴィル撮影）。

告塔」に見えるかもしれない。でも広告塔は円柱のはずなのに、これは角ばっているし、なによりも広告の数が少ないではないか。「ランビュトーの円柱」「モーリス広告塔」に次いで、この時代にパリに出現した、第三の塔の正体はなんだろうか？

答えはキオスク、つまり新聞・雑誌を売るスタンドなのである。閉店後に撮影した写真ゆえ、正体不明という次第だ。そこで数年前、フォーブール・サン＝タントワーヌで屋根裏部屋暮らしをしていたわたしが、毎日アルメニア人のおじさんから新聞を買っていたキオスクの写真を披露しよう（写真㊺）。両者を比べれば、屋根というか、塔のデザインが、うろこ模様をも含

㊺　現在のキオスク。場所はフォーブール・サン＝タントワーヌ。

第二帝政時代のブールヴァール・モンマルトル。左手のキオスクでは《パリ＝ガイド》を売っているらしい。通りの向こう側にヴァリエテ座が見えるが、その前にあるのは公衆トイレかもしれない。

めて、この一世紀半ほどまったく変わっていないことに驚き、感激してしまう。パリの街での路上観察は、こうしたゆるやかな変化のなかでの連続性を再認識させてくれるから、やめられない。

　公衆トイレ、モーリス広告塔、キオスク、そしてあちこちの辻公園、こうした都市のランドマークをデザインしたのが、ガブリエル・ダヴィウー（一八二四―一八八一年）という人物であった。サン＝ミシェル広場の泉やシャトレ広場も彼の設計だが、ナポレオン三世下のパリ改造において、この建築家が首都のエレガントな景観の成立に大いに貢献したことは記憶にとどめておきたい。

　そうしたダヴィウー作の小さなモニュメントを、映像として定着したのが公式カメラマンのマルヴィルなのである。彼の写真は、トイレやキオスクを画面の中心にすえても、けっして接近しすぎることがなく、あくまでも抑制を保っている。その写真は、きわめて即物的というか、カメラアイをほとんど意識させないものであって、そのことがたぶん、「行政写真」を撮り続けたこの写真家の評価を、時として不当なまでに低いものとしている。でもわたしは、人の姿を排して記録に徹したマルヴィルの姿勢がとても好きなのだ。

　ところでこの緑の円柱、最近では新たな変身を開始しているらしい。広告塔とトイレ機能が、およそ一五〇年ぶりにふたたび合体したのである（写真㊻）。そればかりかモーリス広告塔のなかに公衆電話を組み込むというスタイルも登場している（写真㊼）。こうした新機能の広告塔はまだ数も少ないから、パリの街を散策しながら探してみよう。このようにトイレ、キオスク、電話ボックスと、さまざまな媒体と合体することで、パリの広告塔は生き続

21世紀パリの広告塔。㊻　公衆トイレ組み込みタイプ。㊼　公衆電話組み込みタイプ。

けてきた。これからも、これらの緑の物体は、パリという魅力的な都市に欠かせぬ点景であり続けるにちがいない。

トイレという文化遺産

こうして一九世紀の公衆トイレの話をしてきたけれど、この記念すべきモニュメント、はたして二一世紀初頭のパリの街に残っているのだろうか？

その昔、わたしが初めて遊学した頃、パリの街角には「エスカルゴ」と呼ばれる二人用の公衆便所が少しばかり残っていた。人々の郷愁をさそいながらも、いまだ実用に供されていたのである。やがて公衆便所のユニセックス化が促進されていく。当然の流れである。こうしてコイン式の有料トイレの時代となった現在、一九世紀のトイレは絶滅種となってしまったかに思われる。

いや、まだ「文化遺産」として残存しているのではないのか。こう思ってわたしは、学生やパリ在住の知人に尋ね、足を棒にして歩きまわった。その甲斐があって、この生きた化石を、二体だけ発見できた。

まずは写真のトイレである（写真㊽）。うしろがなんの建物かお分かりであろうか。往年のフィルム・ノワールでおなじみ、サンテ刑務所だ。このアラゴ大通りには、なぜかぽつんと無料トイレが残っているのだ。もっとも、ゆきかう車からはほぼまる見えであるから、よほどせっぱつまらなければ、ちょっと用を足す気になれないが。パリの情報通によると、タクシー運転手御用達のトイレとのことであった。

もう一ヵ所は、ふと思い立ってパッシーの「バルザックの家」に行ったのに休館で、その代わりにと、今まで通ったことのない道をずんずん南に歩いていったら、メトロ10号線のミラボー駅の前で偶然見つかった（写真㊾）。さすがに大いに感激して、犬ではないけれど、記念に用を足させていただいて、マーキングの儀式をおこなった。それだけではわが胸のときめきも治まらず、これまた犬のように、幾度もトイレの周りをまわってしまった。キオスクのおにいさんが怪訝な顔をしていたので、トイレを指さすと笑っていた。彼らだって、このトイレの歴史的価値は、よく承知しているのである。

公衆トイレのプルースト的用法

ではパサージュめぐりと同じく、トイレめぐりの最後に、文学テクストのなかに入りこんでみよう。ものはプルーストの『失われた時を求めて』である。ゲルマント公爵が、公衆トイレの生みの親ともいえるセーヌ県知事ランビュトー本人の前で、つい「ランビュトー・ボックス」という俗称を使ってしまって、本人が憤慨したというエピソードが語られる（物語の時代設定からして、実際は、県知事の孫の「ランビュトー氏」のことらしい）。そして「男子用公衆便所」pissotière のことを pistière だと「信仰よりもかたくなに」信じこんでいる使用人頭が、こう語るシーンが出てくる。

きっとシャルリュス男爵さまは病気にかかっているんだ、あんなに長いあいだピスティエールに立ってじっとしていらっしゃるところを見ればね。ああなるんだよ、女のお尻を追いまわすお年寄りは。いかにもそれらしいズボンをはいてさ。けさも奥さまのお使いで

幻の公衆トイレ。㊽　アラゴ大通り。うしろがサンテ刑務所。㊾　地下鉄ミラボー駅そば。

ヌイイーまで行ったんだよ。そうしたらブルゴーニュ通りのピスティエールにシャルリュス男爵さまがおはいりになるのを見たんだ。そのヌイイーからの帰りに、たっぷり一時間は経っていたが、おなじピスティエールの同じ場所、つまりまんなかのところに、あのかたの黄色いズボンが見えるじゃないか、人からご自分の姿を見られないように、いつもまんなかにお立ちになるのかね。（「囚われの女」）

シャルリュスさまは「まんなかにお立ちになる」とあることからして、これはどうやら三人用の公衆便所であるらしい。一六二ページの、写真㊵のタイプだと思う。頭隠して尻ならぬ足隠さずとでもいうのか、囲いの下が開いているから、黄色いズボンの裾（すそ）が見えてしまうのだ。そういえば、今でも欧米の公衆便所には、扉の下部が開いているのが案外多い。売春行為を含めた、犯罪防止のためだという（こうした構造を効果的に用いた映画として、アメリカ物だが、《刑事ジョン・ブック／目撃者》における、フィラデルフィア駅のトイレのシーンは忘れがたい）。

ではシャルリュス男爵さま、なんの病気にかかっているのか？『失われた時を求めて』の読者には自明のことであろう――シャルリュスが本当は「女の尻」ではなく、「男の尻」を追いまわす病気にかかっていることを。男色者のホテルを経営するジュピアンは、男爵に見つめられてどうしたか（「ソドムとゴモラ」）。「上体にきりりとした姿勢をとらせ、片方のにぎりこぶしを、わざとらしく生意気にその腰にあてがい、尻を突きだし、神の摂理で突然あらわれたマルハナバチにたいして蘭の花がするような、色っぽいポーズ」をしたではないか。

つまりこの一節は、シャルリュスが公衆便所に入りびたって、男を漁っていることを暗示しているものだと、わたしは極私的に解釈している。シャルリュスのモデルとなったロベール・ド・モンテスキウは、世紀末のデカダンスを体現した男色家であったが、実際ヌイイー——現在は日本人駐在員が多く住む——に、この高級住宅地に住んでいたという。プルーストは、そこまで計算して、ヌイイーという地名を引き合いに出したのだろうか？

「無意志的記憶」

プルーストとトイレときたら、もうひとつ忘れがたい場面がある。少年時代の「わたし」のシャンゼリゼ公園におけるエピソードである（「花咲く乙女たちのかげに」）。病弱で、旅行も歌姫ベルマを聴くことも禁じられた話者の楽しみは、ジルベルトとの出会いを夢見て、シャンゼリゼ公園という「子供の社交場」にでかけることだった。ある時少年は、女中についていて「古ぼけた入市税関にそっくりな」緑色の建物に入っていく。それが「フランスではなまかじりのイギリスかぶれが water-closets とよんでいるもの」、つまり有料水洗トイレにほかならない。

㊿『失われた時を求めて』の緑色のトイレ。「マルセル・プルーストの散歩道」（メトロ、シャンゼリゼ＝クレマンソー駅）。

このトイレの、じめじめした壁の、かびくさい臭いをかいだ話者は、名状しがたい快感を、いや「心地よく、やすらかで（中略）確実な真実をゆたかにふくんだ快感」を覚える。実はこのとき、話者は無意識のうちに、このひんやりとした臭いから、故郷コンブレーのアドルフ叔父さんの小部屋の臭いを連想して、さんざしの香りを重ね合わせている。ここでは有料便所のかびくささが、「無意志的な記憶」という特権的な瞬間の引き金となっているのが、なんともユニークである。また「トイレ管理おばさん（ダーム・ピピ）」の描き方も、とても興味深い。そのあだ名は「侯爵夫人」、赤茶色のかつらをかぶり、道化師さながらに顔を真っ白く塗りたくった老婆が、この建物を仕切っている。話者が、女中のフランソワーズが出てくるのを外で待っていると、「ただでいいから入りな」とかいって、トイレのドアを開けてくれたりする。彼女によると、八年のあいだ、毎日午後三時にやってきて、トイレで三〇分以上も新聞を読むのを楽しみにしているお偉方がいるとのこと。たった一日だけ来なかったことがあって、それは妻君が死んだ日であったという。この「侯爵夫人」、客筋を選び、身なりのよくない客が訪れると、満員ですとことわってしまう。その昔の有料トイレには、このように格式の高いところもあったにちがいないのである。そしてやがて、話者の祖母は、このシャンゼリゼのトイレで最初の発作を起こす。

このように『失われた時を求めて』の節目節目で、たいせつな機能を果たしている緑色のトイレなのだけれど、実はプチ・パレの近く、現在では「マルセル・プルーストの散歩道」と命名された緑陰の小径にちゃんと残っているのだから、感激してしまう（写真㊿）。その形からして、第二帝政時代の料金一五サンチームのトイレに酷似している。してみると、パリ万博ガイドブック（一八六七年）で「シャンゼリゼ：凱旋門に向かって右側」とあった無臭トイレが、そのまま生きながらえているとも思われる。『失われた時を求めて』の話者をさながらに、この建物のかびくささを体験してみれば、あなたの無意志的記憶が浮かび上がってくるかもしれない。

5　記憶の場としてのマルヌ川

1　『居酒屋』の時空間

よい酒、わるい酒

一八世紀から一九世紀のお話。職人や労働者たちは、たいていは週給制であった。一週間がんばって働いて、土曜日に賃金をもらっていたのだ。お金を受け取ると、その足で近所の酒場にくりだして、酔いしれて、酔いしれて、解放感をあじわう連中も多かった。こうした民衆相手の居酒屋が、パリのあちこちにごろごろあった。作家ゾラが、たしか場末町では建物のふたつにひとつは居酒屋だと書いていたが、けっして誇張とはいえない。一九世紀末、パリの庶民的な界隈では、五番地いけば酒類提供店が二軒はあるというデータだって提出できるのだから。

飲みすぎて、労働意欲をなくした連中は、月曜日にも仲間とつるんで、酒場にくりだしたりした。メルシエも「民衆の貧困は、月曜日の酒場での出費にある」(『タブロー・ド・パリ』）とまで述べている。きどって「聖なる月曜日」とも呼ばれるサボりは、職人連中からすれば、むしろよき慣習なのだった。でも週末に手にする賃金のことが頭をかすめるから、二日酔いの頭をかかえて、火曜日には仕事場に出向く。そしてなんとかノルマを果たさんものと、また週末まで必死でがんばるのだった。

ゾラの名前が出たついでに、『居酒屋』の主人公クーポーを例にとろう。この屋根ふき職人の場合、二週間ごとに賃金を貰っている。そもそも働き者で、下戸（げこ）でもあったから、「酒などに酔わず、給料をきちんと持ち帰って」いた。そうはいっても、仲間に誘われて断れない時だってある。労働者たちは「おごり合い（トゥルネ）」を通じて、連帯感を確認していたのだから。でもクーポー、そんなときでも甘ったるいカシスの食前酒を飲むものだからして、「カシス坊や」というあだ名までちょうだいしていた。こうして洗濯女のジェルヴェーズといっしょに安ホテル（ガルニ）で暮らし、せっせと貯金していたのだ。ところが屋根から落ちて、けがをしてから、彼は労働意欲をすっかりなくしてしまう。「猫みたいに樋（とい）を伝うような」仕事がいやになってしまい、酒場通いが始まるのだ。そこから先の、あまりに急速なアルコールへの沈潜ぶり、そしてついにはアルコール中毒でくたばる壮絶な場面は、この長編の読者には忘れがたいものだ。『居酒屋』は、アル中小説の傑作なのである。

とはいえ酒を覚えたクーポー、最初のうちはこうのたまう。「酒場っていうのもそう気分の悪いところではない。冗談をいいながらちょいとばかりおみこしを据えるんだ。（中略）

以前みんながおれをからかったのも、ありゃ無理はない、酒の一杯や二杯で男一匹殺されるなんてことは絶対にないんだから。（中略）それに、いつでもワインさ、ブランデーeau-de-vieは絶対やらないぞ」と。なるほど酒は百薬の長ともいうのだから、適量ならば健康にもいいにちがいない。ここで注目すべきは、アルコール度の高いブランデーではなくてワインならいいと、よい酒と悪い酒とが区別されていることだ。のちに税法でも、ワインは「健康飲料」という別名で呼ばれることになる。

ワインという「よい酒」を一杯ひっかけたいなら、その昔は「マルシャン・ド・ヴァン」（「ワインの商人」という意味）と呼ばれた飲み屋ののれんをくぐればよかった。パリ・ガイド（一八六三年）には、こう説明してある。

「飲み屋marchand de vinについていうことはない。そうした店に出入りするのは、労働者、使い走り、御者ぐらいのものなのだから。郊外が併合される以前、パリには居酒屋（カバルチエ）や飲み屋が四〇〇〇軒以上あった。パリ市の拡大後、この数字も大幅に増加したにちがいない。ここではまたリキュール酒場（リコリスト）もあるが、ここに入るのはけっしていい趣味とはいえない。ここではブランデー漬けのフルーツ、各種リキュール、ブランデー、ラム酒、アブサンなどを売っている」

ここには、紳士淑女は「カフェ」cafeでお酒をたしなむべきであって、「マルシャン・ド・ヴァン」ごときは大衆酒場にすぎないという差別が見てとれる。カフェとは、本来知的エリートのたまり場で、ここから啓蒙主義という新しい思想も発信されたのだ。第三章で紹介した『パリ＝ディアマン』も指摘しているように、カフェの料金は高く、しかもチップをギャルソンに渡すのがルールだった。そこで庶民は、気軽に入れる飲み屋に通った。

ガイドブックでも避けるべき場所とされているのが、強い酒を出すリキュール酒場――小説『居酒屋（アソモワール）』の舞台である、コロンブ親父の〈酔いどれ酒場〉Assommoir こそ、まさにアブサン（ニガヨモギが主原料）などを商う、リキュール酒場にほかならない。やがてアルコール中毒が社会悪となって、反対運動が続き、二〇世紀に入るとアブサン禁止法等が公布される。だが製造業者の激しい巻き返しによって、結局アニス酒など、アルコール度数四五度以下のリキュールが容認される。アブサンという、世紀末の「緑の妖精」は、まんまとアニス酒という後継者を見つけたのである。洋の東西を問わず、酒やタバコの規制とは、非常な困難に遭遇するものであるらしい。

青空市場と落ち穂拾い

やがてカフェが、民衆のたまり場になっていく。近所の人々がカウンターでコーヒーやワインを飲みながら、コミュニケーションを交わす空間になったのである。こうしたカフェの民主化の余波で、「マルシャン・ド・ヴァン」という飲み屋は急速に姿を消していった。

とはいえ、かつて「ワインの商人」と呼ばれた時代の雰囲気をとどめている店も、パリには何軒か存在する。ここでは、知る人ぞ知る、フォーブール・サン＝タントワーヌ界隈の〈赤い男爵〉Baron Rougeという愉しいワイン酒場に出かけてみよう（最寄り駅は、メトロ8号線Ledru Rollin）。ついでだから、手前のアリーグルの朝市にも寄っていきたい。

アリーグル通りの両側にはぎっしりと露店が並び、ものすごい熱気がただよっている。わたしも近くに住んでいたから、この市場でよく買い物をした。大好きなラディッシュが三束、ときには四束で一〇フランなのだから、スーパーの半額。でもラディッシュは案外いたみやすく、ひとり暮らしの身だと、食べきるのにひと苦労だった。

ここは、パリでもっとも活気があって、おまけに安い青空市場として有名で、わざわざ遠くからやってくる客も多い。アリーグル広場には常設の屋根つき市場もあり、ハムやチーズ、それに野菜などを売っている。広場の半分は、古着や古道具を商う「がらくた市」なのだけれど、この広場が、現在もなお、がらくたマーケットとして機能していることについては、歴史的な理由が存在する。この市場はそもそも、近くのサン＝タントワーヌ修道院——現在はサン＝タントワーヌ病院——の門前市が移転してきたものなのだ。その修道院が、門前での青空市を許可するにあたって、困窮者のために古着などを格安で売ることという一札を入れさせていたという。この約束が、現在もなおアリーグル広場でも生きている。安さとリサイクル精神、これこそアリーグルの市場の原点なのである。

さて、お昼少しすぎともなれば、マルシェは店じまいだ。観客にとっては、ここからが、

フォーブール・サン＝タントワーヌ地区

この朝市のクライマックスかもしれない。商人たちは、きずものになった果物や野菜の切りくずを木箱ともども道に放り出すと、あっという間に消えてしまう。それこそ一目散に逃げていくという感じなのである。そして……まず必ずやってくるのが、広場の鳩たちで、彼らが残飯あさりの先陣をつとめる。すると、やや遅れて、近所の決して豊かとはいえない住人が、はたまた路上生活者のみなさまが、どこからともなく姿を現すのである。なにしろ、リンゴや梨や人参、どれもこれもちゃんと食べられるものばかり、たくさんころがっているのだから。清掃車がやってくるまでの一五分ばかりが、勝負である（写真㉛）。彼らは、戦利品を

(51) アリーグル通りの青空市。昼になると、マルシェは店じまい。

スーパーの袋に次々とほうりこむ。このおかげで彼らだって生きていけるんだ、サン＝タントワーヌ修道院の門前市のチャリティ精神がここに息づいているんだと、観察者たるわたしはいささか胸が熱くなる。そこで何度かシャッターを切ったものの、遠慮がちのにわかカメラマンには、いい写真は撮れるはずもない。ここはやはり、わがドワノーの傑作、かつての中央市場（レ・アル）での落ち穂拾いをぜひともご覧になられんことを。とはいえ写真は下手でも、落ち穂拾いでは、こちらも負けてはいなかった。レタスの木箱を二つちょうだいして、ガムテープで止め、ちょっとした本箱として使っていたのだから。

〈赤い男爵（バロン・ルージュ）〉に行く

青空市を見学してから、目と鼻の先の〈赤い男爵〉に向かう（1, rue Théophile-Roussel）（写真(52)）。最初にこの名前を聞いたときは、映画の《赤い風船》Ballon rouge のことかと早合点してしまった。ところが、店先の赤いストールの脇にぶらさがる看板を見てびっくりした。赤い「風船」ではなくて、「赤い男爵」Le Baron Rougeではないか。ドイツの有名な撃墜王リヒトホーフェンの別名だが、その姿がなぜか宮崎駿さんの《紅の豚》にそっくりなのだ。ひょっとすると「ポルコ・ロッソ」、そのモデルは「赤い男爵」という実在の飛行機乗りなのだろうか？

52　ワインバー〈赤い男爵〉。

この〈赤い男爵〉、飲物はほとんどワインだけだし、つまみの種類だって決して多いわけではない。おすすめは、おいしいハムやソーセージ、それにパテが盛りだくさんの「コルシカ風盛り合わせ」か。それなのに、とにかく、いつ行っても常連がカウンターのまわりで押し合いへし合いしている。テーブル代わりの大きなワイン樽のまわりも、黒山の人だかり。ワイングラスを傾けながら、わいわいがやがやと陽気に語らっている。座席も少しはあるけれど、ほとんどが立ち飲みである。

強調したいのは、ここが、文字どおり「ワインの商人（マルシャン・ド・ヴァン）」であること。というのもワインを量り売りしてくれるのだ。一リットル瓶に好きなワインを樽から注いでもらい、持ち帰る。飲み干したら、またその瓶を持参して、ワインを売ってもらうという仕組みである。この一リットル瓶自

53　「薪、石炭、ワイン、リキュール」。マンドール通りの居酒屋。

体、今ではとても珍しい値打ち物なんですよと教えてくれた。このように「マルシャン・ド・ヴァン」は、本来は酒屋なのであって、その店先でワインをぐいっと飲むというイメージなのだ。日本の酒屋でも、少し前までは、「角打ち」といって、店先でコップ酒をあおるというちょっとばかり粋な習慣があったが、これに近いのだろうか。昔は酒屋と酒場は一心同体であったということが、よく分かる。

一心同体というのなら、もっとおもしろい例も見つけた。バスチーユの裏通りに足を踏み入れると、こんな店にぶつかる（写真53）。「薪、石炭、ワイン、リキュール」と読める。この薪・石炭という燃料とお酒という組み合わせ、今でもパリの街角で時折見かける。昔はきっと生活必需品を商う「よろず屋」であったにちがいない——わたしはふと、ゾラ『ジェルミナール』に出てくる北フランスの炭坑住宅のメグラの商店を思い出して、このように推理した。こうした店では、薪や石炭を買いに来た客を横目で見ながら、カウンターで一杯やってる連中もいたにちがいない。でも、この「薪、石炭、ワイン、リキュール」のお店、今は燃料など商ってはいない。ただの居酒屋なのである。

さて〈赤い男爵〉の冬の名物、それはなんといっても週末の生ガキである。カキ売りのおじさんが、その場でむいてくれる。この店の常連でもあるTさんが相棒といっしょに、「あぁ、うまいわ」といいながら、カキをつるんつるんと呑みこんでいく。さぞかしおいしいにちがいない。でもこちらは、ワイングラス片手に目でお相伴するしかない。生ガキには東京とパリで一度ずつひどい目にあっているから、いくらおいしくても、さすがに付き合いきれない。もっとも、そんなことはこちらの事情に過ぎず、冬の週末の〈赤い男爵〉はおすすめだ。

共同洗濯場の痕跡

古きよき時代の雰囲気をただよわせるワインバーの帰りがけには、せっかくの機会だから、すぐそばのコット通りrue de Cotteまで足を延ばそう。みんな、なにも気づかずに通りすぎていくけれど、写真のような建物が見つかる（写真㊹）。「ルノワール市場の大洗濯場」と書かれているではないか（ルノワール市場はアリーグル市場の旧称）。洗濯場の建物はすでに取り壊されて、なかは空き地になっている。残念ながら張りぼてで、撮影所のセットみたいに正面が残っているにすぎない。でも少し前までは、この奥で近所のおかみさんたちがごしごし洗濯しながら、井戸端会議に花を咲かせていたにちがいないのである。このよ

㊹「ルノワール市場の大洗濯場」。建物本体はすでに取り壊されてしまっている。

うな公設の共同洗濯場は、一九世紀のパリには欠かせない風物詩なのであった。なにしろ一八五〇年には、市内に一〇〇ヵ所もあったというのだから。そしてセーヌ河にも、洗濯船が浮かんでいたのである（次ページ図版）。

　こうした共同洗濯場の存在を教えてくれたのも、ゾラの『居酒屋』だった。女主人が番台に座っているというから、銭湯の雰囲気だ。料金は一時間一五スーだが、ほかに桶一杯のお湯に同じ金額を払う必要があった。これも、銭湯の女湯の洗髪料という感じでおもしろい。ここでは、女たちのバイタリティあふれる姿を描きだした、作者のヴィヴィッドな筆致を少しだけ紹介しておく。

　ジェルヴェーズはあずけておいた洗濯べらとブラシを出してもらった。それから番号札を取ってなかにはいった。（中略）あちこちの片隅から湯煙が昇り、漂い、青みを帯びたヴェールで奥のほうをぼんやりとかすませている。（中略）ときどき漂白液のいちだんと

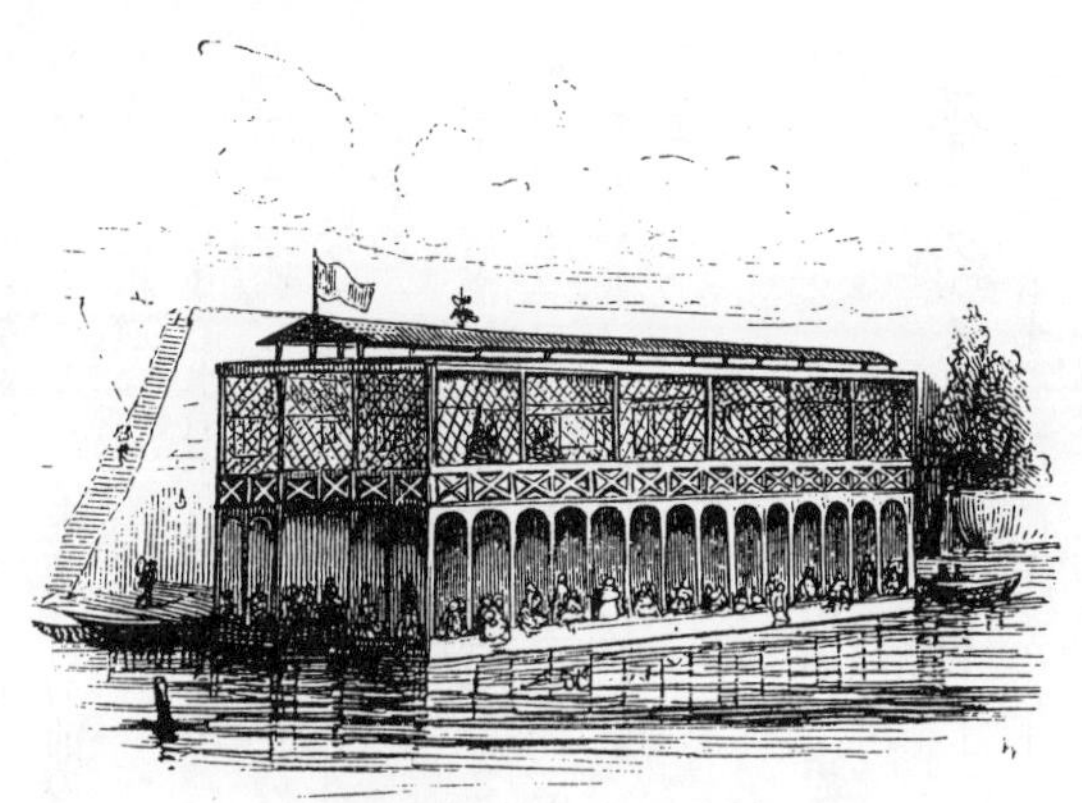

セーヌ河に浮かぶ洗濯船。

強い匂いが流れてきて、あたり一面を支配する。中央の通路の両側に並ぶ洗濯台には、女たちがずらっと列をなして、腕を肩まであらわにまくりあげ、頸（くび）をむきだしにし、まくりあげたスカートの下には、濃い色のストッキングや大きな編み上げ靴をのぞかせている。怒り狂ったようにへらで叩き、笑い声をあげ、身体をのけぞらせては喧噪のなかでひとこと叫び、バケツの底にかがみこむ彼女たちは、卑猥で、あらあらしく、ぶざまで、まるで驟雨（しゅうう）を浴びたように濡れ、紅潮した肌からは湯気を立てている。

同棲相手のランチエがアデールのもとに走ってしまい、洗濯場でジェルヴェーズは、アデールの姉ヴィルジニーとはでな取っ組み合いのけんかを始める。ルネ・クレマン監督の映画《居酒屋》(原題は《ジェルヴェーズ》)でも最高のシーンといえよう。目の前の共同洗濯場でもきっと、時折こうした修羅場が演じられていたに相違ない。

今ではパリの水道事情は大幅に改善された。各戸に水道が完備したし、洗濯機だってさほど高くはない。一九世紀の民衆文化のシンボルとしての共同洗濯場は、おそらく消滅してしまったにちがいない。となれば、この「ルノワール市場の大洗濯場」、張りぼてとはいっても、貴重な「記憶の場所」だと思う。パリ歩きのささやかな成果である。

小説『居酒屋』の実際の舞台は、この界隈ではなく、北駅の裏側のグット＝ドール地区である。でも「マルシャン・ド・ヴァン」や共同洗濯場跡が残っている、このフォーブール・サン＝タントワーヌ地区、『居酒屋』の時空間をかいま見せてくれるみたいで、とても気に入っている。

2　マルヌ川の岸辺で思うこと

郊外のダンスホール「ガンゲット」

またしても小説『居酒屋』から——今度はジェルヴェーズとクーポーの結婚披露宴のプランをのぞいてみる。

ラ・シャペル大通りにあるオーギュストの店〈銀風車〉で一人前一〇〇スー（＝五フラン）の会費制宴会（ピクニック）を催すことにした。それは手頃な値段の小さな飲み屋 marchand de vin で、店の裏にある中庭のアカシアの木が三本立った下で、飲んだり踊ったりできるようになっている大衆酒場（バストラング）である。二階に席を取れば申しぶんない。

いくつか注解を。「会費制宴会」は pique-nique の訳で、「ピクニック」は別に野山にでかけなくてもよくて、本来はみんなで持ち寄って飲んだり食べたりすることを意味していたことが分かる。

ばあさんが、酒場の隅で、一気飲み（ドーミエの戯画）。

そしてまた、この長篇小説では、労働者階級のスラングが意識的に多用されている。たとえば、カウンターで一気にあおるワインのことは「大砲」canon とも呼んだし、前にふれた「聖なる月曜日」もこの手の俗称にほかならない。ここでも飲み屋の〈銀風車〉が、「大衆酒場」

bastringue と呼ばれている。これは、市壁のすぐ外側で競いあっていたダンス酒場、つまり「ガンゲット」guinguette を指す。この長篇の前半は、パリがまだ全部で一二区の時代の話であって、入市税関のあるポワッソニエール市門を出ると、すぐラ・シャペル大通り。〈銀風車〉はここにあった。市外だから、酒税がかからず、アルコールも安く飲めるという具合だ。

〈銀風車〉という名前も、興味深い。かつてはパリの周辺の丘でまわっていた風車が、都市化の波とともに、ひとつひとつ機能を停止していくことは、別の章でお話しした。風車から郊外酒場へ、これが典型的な変身のパターンなのである。パリ観光名所の〈ムーラン・ルージュ〉、つまり「赤風車」は、この変身の生き証人といえよう。

ところで「ガンゲット」の語源だけれど、よく分からない。酸っぱくなったワインを意味する ginguet がいちばんお似合いだと、わたしなどは思っているが、語源辞典には別の説明が載っていたりする。この「関の酒場」では税抜きの酒が飲める、市門の外の店で、民衆は、陽気に飲み食いしたり、音楽に合わせて踊ったりして、日ごろの憂さをはらしていた。現在ならばさしずめ、郊外レストランとクラブを兼ねあわせたような娯楽施設ということになろうか。だが、祝祭の雰囲気は、ときとして反乱に変質する。郊外酒場での遊楽が、一挙に日常性を突き破って、ストライキなどに発展したこともあった。「ガンゲット」とは、こうした意味をも含めて、一九世紀パリの民衆文化のシンボルにほかならない。

さて結婚式当日、〈銀風車〉での食事もたけなわだ。ウサギのホワイトシチューが運ばれてくる。するとクーポーが、こんな冗談をとばす。

「ねえボーイさん、これは屋根を駆けまわるウサギじゃないのかね……。まだニャオニャオ鳴いてるぜ」

実際、ほんもののネコの鳴き声そっくりの音が皿から出てくるように思えた。クーポーが唇を動かさず喉でその音を出していたのだ。これは受けること確実という彼の社交的才能で、そのため彼は外で食事するときはかならずウサギのホワイトシチューを注文するのだった。それから彼は喉をゴロゴロと鳴らした。ご婦人がたは笑いが止まらず、ナプキンで顔をおさえてしまった。

マダム・フォーコニエはウサギの頭のところが欲しいといった。頭のところしか好きではないというのだ。

郊外のガンゲットの名物料理、それはウサギ料理なのだった。たとえばジャン・ルノワール監督の名画《ピクニック》（一九三六年）の原作は、モーパッサンの同名の短篇だが（邦訳では「野あそび」などとも）、デュフール一家はセーヌ河畔にピクニックとしゃれて、安料理屋で魚のフライとウサギのソテーを注文している。ところがなかには、ウサギの代わりにネコでごまかすという、あくどい店も存在した。「巨大なパリが、ごたまぜに吐き出すへど」（ボードレール『悪の華』「屑拾いの酒」）に身をかがめる連中、すなわち屑屋がつかまえてきたネコを買い取るのである。たとえばゾラの短篇「猫たちの天国」では、野良ネコ仲間に入れてもらった家ネコが、鉤（かぎ）を手にした屑屋につかまりかけるシーンがある。

クーポーがネコの鳴きまねを披露するのには、こうした事情があるのだ。そこで、本物のウサギ肉であることを証明するために、皿の上にウサギの頭を添えて出すのが慣例となったとも伝えられる。なんだか気味が悪いけれど、本当の話であって、この場面でも、皿にはちゃんとウサギの頭が載っている。やがてアカシアの木の下では、ヴァイオリンやコルネットの伴奏で、ダンスが始まるにちがいない。

ゾラの小説には、こうしたガンゲットがあちこちに出現する。たとえば『ナナ』が思い浮かぶ。ヴァリエテ座の踊り子ナナは、エロチシズムで観客を悩殺してスターとなるが、彼女を一躍有名にした出し物が《金髪のヴィーナス》であった。その第二幕は、〈ブール・ノワール〉という「関の酒場」での神々の乱痴気さわぎシーンなのだ。ここで胸もあらわなナナ＝ヴィーナスは、観客をころりと参らせてしまうのだけれど、そうした話はさておいて、この〈ブール・ノワール〉は、モンマルトル市門（現在のピガール広場）を出たところにあった大衆的ダンス酒場にほかならない。ナナは娘時代に、ということはつまり小説『居酒屋』のなかでということだが、いわばこの「クラブ」の常連なのであった。造花づくりの女工にとって、日曜日こそは「群衆との、また通りすがりに横目でじろじろ見る、あらゆる男たちとの、ランデヴーの日」。肉感的な娘は、水玉模様のワンピースで、界隈のガンゲットを制覇する。

ナナは近所のあらゆるダンスホールをわき立たせていた。〈白い女王(レーヌ・ブランシュ)〉から〈グラン・サロン・ド・ラ・フォリー〉にいたるまで、お客で彼女を知らぬものはなかった。（中略）大通りの〈ブール・ノワール〉とか、ポワソニエール街の〈トルコ大王(グラン・チュルク)〉は、ちゃんとした身なりのときに彼女が出かける上品なホールだった。だが、この界隈の数ある「ガンゲット」bastringue のなかで、彼女のとりわけ好きなのは、〈隠者の庵(エルミタージュ)〉のじめじめした中庭にあるダンスホールと、カドラン小路にある〈ロベール・ダンスホール〉で、二軒とも、半ダースほどのケンケ・ランプに照らされた、臭いにおいの小さなホールだが、気のおけぬところで、お客のだれもが喜んで好き放題をしており、踊りにきた男女が奥のほうで抱きあっていても、だれもじゃまをしなかった。

こうして彼女は、あちこちのガンゲットで、その大胆な踊りっぷりで喝采を浴びる。さしずめ、お立ち台のダンシングクイーンといったところだろうか。

ベルヴィルのガンゲット（テクシエ『タブロー・ド・パリ』より）。日曜日の夜だという。店名は不明。

疎開するガンゲット

ではゾラの小説空間をしばし離れて、ガンゲットがたどった運命を簡単におさらいしてみたい。例によって一八三六年の『外国人のための新パリ案内』を開いてみると、「ガンゲット」は娯楽の章で、「シャンゼリゼ散歩」「パノラマ館」「ディオラマ館」などと並んで、こんなふうに紹介されている。

パリの労働者階級の日曜日のレジャー風俗を知りたいのなら、人々が歌い、踊り、ワインやリキュールに酔いしれて、彼らのふところ具合からするとずいぶん大盤ぶるまいしている店をのぞいてみるがよろしい。週の残りの六日間は、窮乏生活に身を捧げている人々の、この一日の散財ぶりには、驚くべきものがあるのだ。また労働者だけにかぎらず、零細な製造業者とか小売り商人などの姿も見られるにちがいない。持たざる者による蕩尽（とうじん）という主題に関心のある向きは、これまた『居酒屋』に直接あたられたい。さて、パリ案内は、市門の外の七つのガンゲットを推奨している。〈ゲーテ庭園〉（メーヌ市門）、〈ミル・コロンヌ〉（モンパルナス）、〈サロン・ド・デノワイエ〉（クルティーユ市門）、〈モレル館〉（アマンディエ市門）、ナナのご贔屓（ひいき）となる〈隠者の庵（エルミタージュ）〉（モンマルトルの丘の下）、〈緑格子（バロー＝ヴェール）〉（メニルモンタン）、〈愛の島（イル＝ダムール）〉（ベルヴィル）である。〈隠者の庵〉〈緑格子〉〈愛の島〉など、自然のただなかを思わせる、いかにもロマンチックな名前が特徴的ではないか。食べて、踊って、そして木陰で愛の語らいをといったイメージで人々を誘惑したのであろう（前ページ図版）。

ガンゲットの全盛期は、七月王政の時代（一八三〇―一八四八年）とほぼ重なっている。一八三〇年にはパリ市の内外に、なんと三六七軒ものダンス酒場があったというのだから、信じがたいほどの数字だ。市門のあたりでは、それこそガンゲットが門前市をなしていたにちがいない。こうしたガンゲットにおける音楽とダンスの社会的機能については、テクシエがなかなかいいことを書いている。

> 音楽とダンスは、社会のそれぞれの階層において、あらゆる祝祭や娯楽の基本要素なの

	パリ市内	郊外	合計
1830(年)	138	229	367(軒)
1845	110	273	383
1850	65	200	265

ガンゲットの数

である。（中略）君主の宮廷から、格安のバイオリン弾きが陰気な音色をかなでる市門（バリエール）付近のとてもあやしげな酒場まで、音楽とダンスはひとしく消費されているのだ。（『タブロー・ド・パリ』一八五一―五二年）

とはいえ先ほどもちらりといったように、祭りは反乱に変容する可能性を秘めていたから、権力はガンゲットを危険視していた。そこでテクシエは、労働者たちの当然の楽しみとしてのダンスを、「毎日曜日、彼らが市門に求めにいく娯楽とは、実に単純で、いささかも恥じるところなどない、ただのダンスにすぎない。流れる音楽に合わせて、彼らの身体は、疲れながらも、しばし休息しているのだ」と擁護するのである。

だがどうやら一八四八年の二月革命あたりをきっかけにして、ガンゲットの爆発的なブームは終息に向かう（上表参照）。数ヵ月たらずのバリケード体験が、人々の意識までも変えてしまったのか？　あるいはガス抜きがなされたということか？　一八五〇年以後、数年間で、さらに半分の店が廃業を余儀なくされたという。生き残るには、店を改装するなどの工夫が必要となった。要するに、小説『居酒屋』には、ブームが去ったあとのガンゲットが描かれているという理屈になる。

一八六〇年、パリ市は拡張されて、一二区から現在の二〇区となった。パリの二〇の区はカタツムリに喩えられるけれど、その殻が完成したことになる。徴税請負人の壁のすぐ外で、無税の安酒とダンスを合い言葉に客を集めていたガンゲットにとっては、まさに存続の危機である。大衆消費税を免れるには、市外に店を構えるしかない。とはいえ都市化が急速に進行して、広い土地の確保はたやすくはない。印象派絵画の片隅にも描かれるように、パリの外周には工場が次々と建設されて、煙をはきだしていた。一週間の仕事の疲れをいやすには、もっと広々とした青空のもとで英気をやしなう必要があった。そこでガンゲットは次々とパリ郊外へと逃れていった。郊外のガンゲット時代の開幕である。

こうしてセーヌの岸辺やマルヌ川沿いに、ガンゲットが寄り集まる。たとえばベルヴィル（現在はパリ二〇区）で繁盛していた〈愛の島〉は、マルヌ川の岸辺に移る（『肉体の悪魔』にも、この名前が出てくる）。折しもリゾート地として水辺はブームを迎えつつあったし、鉄道の郊外線も開通して、パリっ子も気軽にでかけられるようになっていた。店の側も、浮き橋や飛び込み台を作り、木陰のテラスを整備し、ブランコを設置するなどして客寄せにつとめた。マルヌ河畔は「ガンゲット銀座」となって、最盛期には二〇〇近いダンス酒場が競い合ったという。映画のタイトルではないが、「田舎の日曜日」というくらいであって、祝

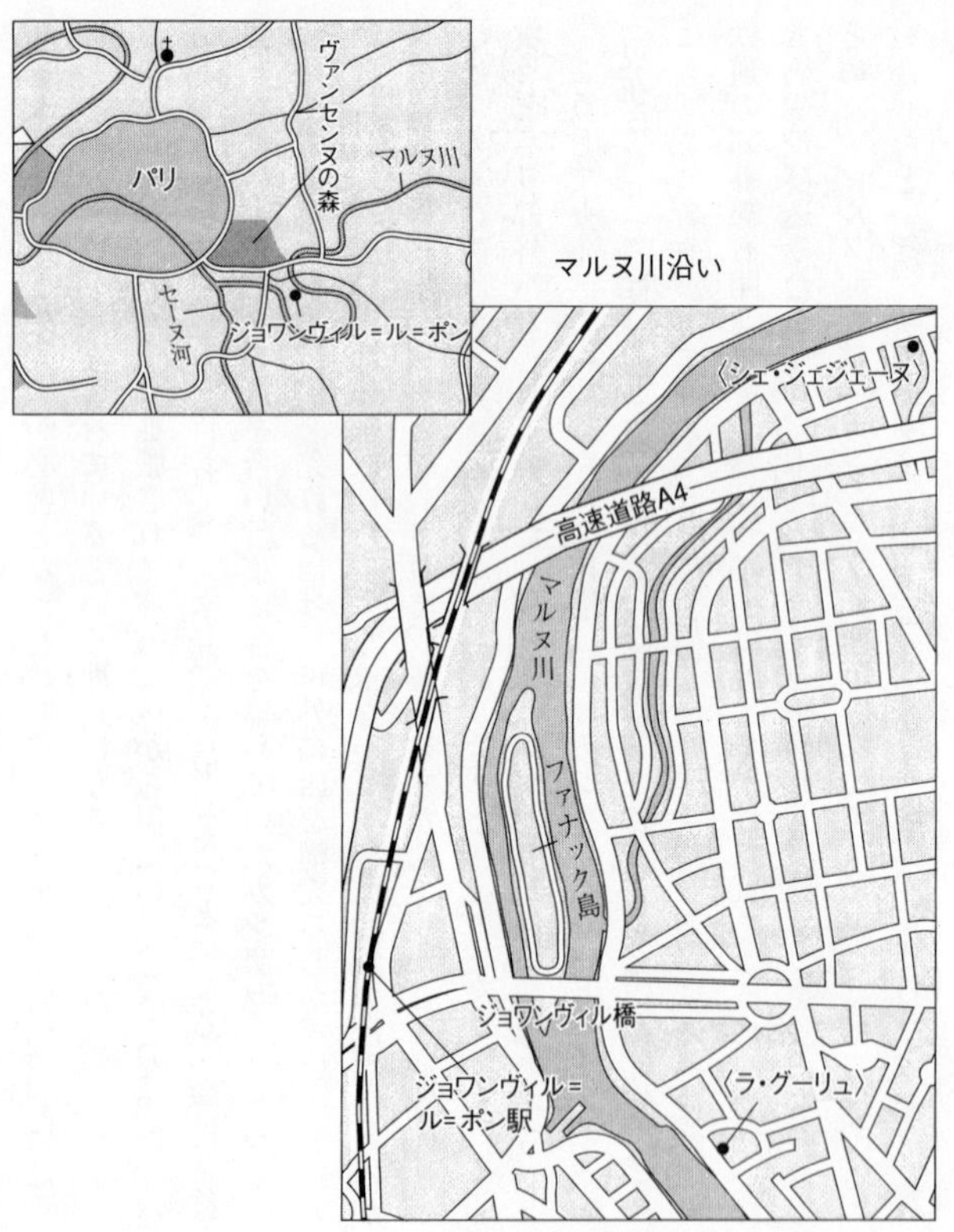
ヴァンセンヌの森
マルヌ川
パリ
セーヌ河
ジョワンヴィル＝ル＝ポン
マルヌ川沿い
〈シェ・ジェジェーヌ〉
高速道路A4
マルヌ川
ファナック島
ジョワンヴィル橋
ジョワンヴィル＝ル＝ポン駅
〈ラ・グーリュ〉

祭日ともなれば、パリっ子は列車に乗って郊外ピクニックとしゃれた。そしてガンゲットで会食し、ダンスを楽しんで、仕事のストレスを発散させたのである。

川沿いのガンゲットを求めて

ようやく冬に別れを告げようというある日、その昔の恋人たちをまねてといいたいところだが、ひとりぼっちでマルヌ川沿いの散歩を実行した。とはいえ、その昔のバスチーユ発の郊外線はもはや存在しない。かつての駅の敷地では、今やバスチーユ・オペラが威容を誇っている。そこで、リヨン駅をバスチーユ駅に見立てて、郊外線（ＲＥＲ）のＡ２号線、ボワシ＝サン＝レジェ行きに乗る。めざすジョワンヴィル＝ル＝ポンは三つ目だから、あっという間だった。駅前の殺風景さに、少々出鼻をくじかれる。でも気を取りなおして、ゆるやかな坂道をくだっていくと、もうマルヌ川。ジョワンヴィル橋から、木立に囲まれた川中島におりる。ファナック島といって、カヌーなどボート競技の聖地として名高い（写真㉟）。そのきっかけは、これまた第二帝政時代にさかのぼる。セーヌ河を行き来する船舶が急増し、バトー＝ムーシュの運航も開始されて、ボートなどとの衝突事故が多発していた。そこで一八六七年、ナポレオン三世は市内での舟遊びを禁止したのだ。そこでボート競技も、ガンゲット同様に郊外移転を余儀なくされて、パリとは目と鼻の先のジョワンヴィルが脚光を浴びることになったという経緯である。

㊺　ファナック島。

ファナック島といえば、またしてもゾラで恐縮だけれど、デパート小説『ボヌール・デ・ダム百貨店』のエピソードを思い出してしまう。春先、デパート店員のドニーズ（彼女はやがて社長オクターヴと結婚して、夫唱婦随で店を発展にみちびく）は、友だちのポーリーヌとピクニックに行く。ポーリーヌの恋人で、ライバルの〈ボン・マルシェ百貨店〉に勤めるボージェもいっしょだ。一行は、辻馬車で駅に横づけした。ボージェのおごりだ。そして奮発して、二等車に乗る。

彼らは二等車に乗った。ざわざわと、陽気なしゃべり声が、どの客車からももれていた。ノジャン〔ノジャン＝シュル＝マルヌのこと〕では、結婚式に列席する一行が、笑いに包まれて下車した。三人はジョワンヴィルで下車すると、すぐに島に渡り、昼食を頼んだ。そしてマルヌ川沿いに続く高いポプラ並木を見上げる土手に陣どった。木陰はひんやりと冷たく、陽ざしのなかを、心地よいそよ風が吹いていた。

島には〈シェ・ジュリアン〉というガンゲットがあった。彼らは午後いっぱい、川沿いを散策してから、〈シェ・ジュリアン〉に戻って夕食をとる。花冷えの季節である。そこで室内で、川魚の赤ワイン煮（マトロット）という名物料理を注文する。ふと見ると店の片隅で、パリから歩いてやってきたドロッシュが、ひとりで食事しているではないか。ドニーズとドロッシュは、おたがいにノルマンディはコタンタン半島出身の同郷人なのだと分かって、新たな関係が芽生えていく……。こうしたドラマを生んだガンゲット〈シェ・ジュリアン〉ではあるけれど、残念なことにもう存在しない。

㊻　レストラン〈ラ・グーリュ〉。

　ゾラの小説のシーンを思い起こしながら、島を静かに散策してから、対岸に渡る。下流に少し歩くと、レストラン〈ラ・グーリュ〉があった（写真㊻）。建物の感じも、LA GOULUE という文字のデザインも、アール・デコ調である。京都は鴨川の納涼床とまではいかないけれど、ゆったりと流れるマルヌ川にテラスがせり出しているので、ひと休みする。ちなみにラ・グーリュ（「大食らい女」の意味）とは、ロートレックがしばしば描いたムーラン・ルージュの踊り子の名前である。

マルヌ川体験

このあたりには、珪石(けいせき)とでもいうのだろうか、石造りの壁面にタイルを飾った、くすんだ感じの家が建ち並んでいる（写真㊼）。villa だと、もっと豪華なイメージだから、こうした一戸建てをフランス語では pavillon というのだろう。こんな郊外でなくても、パリの周縁部――元郊外ということだ――を歩いていると、高い建物の谷間から、似た感じの一戸建てが忽然と姿をあらわして、びっくりすることもある。それにしても川沿いの、こんな自然の豊かなところに住める人々がうらやましい。水辺から都心のオフィスまで通うのに、一時間もかかりはしないのだから。

川べりから延びる道の両側に、やや古色を帯びた、こうした建物が並んでいるのを見ると、どうしてもラディゲの『肉体の悪魔』を思い出してしまう。

マルトはJ……に住んでいた。その家の前の道はマルヌ川までくだっていた。歩道の両側には、せいぜい一ダースばかりの別荘が建っていた。ぼくは、彼女の家があまり大きいので、ちょっと驚いた。マルトはじつは二階だけに住んでいて、階下には家主の家族と、ある老夫婦が住んでいたのだ。

57　冬のマルヌ川。右岸に並ぶお屋敷。

『肉体の悪魔』は、マルヌ川沿いで展開される不倫の物語である。この小説を読んでから、わたしは「マルヌ川」ということばを見たり聞いたりすると、条件反射的に、人妻マルトと主人公のラブシーンを思い浮かべてしまうようになった。「マルヌ」という音も、なにかしら淫靡(いんび)な印象を与えるのだった。こうした「マルヌ川」体験をした若者は、案外多いのではないのか？

第一次大戦のさなか、「ぼく」はある種の虚無感をいだきつつも、マルトとの関係にのめりこんでいく。そのマルトの住むJが、ジョワンヴィルのことかどうか確証があるわけもないが、こちらは勝手にそう思いこんでいる。「ぼく」は、すばやく勉強を片づけると、マルヌ川のほとり、それも左岸を好んで歩きまわるのである。そして今、わたしはそのマルヌの岸辺に立っている。夫のジャックが戦地なので、「ぼく」はマルトの家に泊まって、ぎごちない愛を交わす。起きて、遅めの昼食をすませると、もう夕暮れは近い。このなんとも、空しく、もの憂い気持ちよ。不倫といわずとも、だれしも青春時代には、似たような経験をしている。こうしてマルトと「ぼく」は、川に沿って〈愛の島〉の方まで歩いていくのである。

その日のわたしは、マルトたちとは逆にマルヌの流れをさかのぼった。そこに昔のガンゲットが残っていると聞いたからだ。対岸のファナック島の艇庫には、かなりの人がつどっていた。川面を、カヌーやフォアがゆっくりとすべっていく。遠くに浮かんでいる白鳥やオシドリに向かって声を出しながらパンくずを投げると、いっせいに寄ってくる。左岸には有閑階級が住み、右岸は野菜畑だと、『肉体の悪魔』の語り手はいうけれど、穏やかな川面の向こう側、つまり右岸には、むしろ豪壮な建物が軒を連ねているではないか。裏庭からそのまま船に乗れるようになっている。なんと優雅な生活であることか！　ひと夏でいいから、あの正面の家に住まわせてくれないものか——水辺にいちども住まわったことのない男は、こんなことを思った。

その先をずっと歩いていくと、足元の土がほどよいクッションとなって、とても気持ちがいい。岸辺には細長い船がもやっている（写真㊿）。生活しているのである。日本語で「水上生活者」というときの貧しさのイメージ、宮本輝の『泥の河』の雰囲気はいささかもない。若者がカヌー競技の練習をしている。これで、ぽつんぽつんと釣り糸をたれている人々の姿でもあれば、まるでアンリ・ルソーの絵の中じゃないかと思った。彼には《マルヌ河畔》という作品があって（一九〇三年、個人蔵）、とても小さな子供が、川辺にたたずんでいる。そばには、母親だろうか、これまた小さく描かれた黒ずくめの女性が座している。そしてうしろでは、庭付きの家々の横に、ぼーんと大きな煙突が。本当は、こんな場所に煙突などありそうもないくせに、画家は、必ずといっていいほどこんな迷彩をほどこしてしまう。

㊽　マルヌ川の「水上生活者」。

わたしがルソーの絵を愛する大きな理由は、パリの郊外のさりげない風景を、印象派の画家とはまったく異なる眼で描いてくれることによる。石切場や製材所、椅子製造工場や電信柱、そして煙突たちが、どれも生きているのだ。川、水車、橋、散歩する人や釣り人、どれも無垢な動物のような感じなのだ。「素朴と幻想」とか、「夢と現実」といったキャッチフレーズが先行しているものの、アンリ・ルソーこそは最高の風景画家ではないのかとまで思う。

それにしても、マルヌ川を訪れていい心地になって、今、アンリ・ルソーのタブローを想起したところでふと気づいたのだけれど、印象派の郊外——ここではセーヌ下流のことを思い浮かべている——とはひと味ちがって、ルソーの絵を連想させてくれるマルヌ川の岸辺とは、自然と人間の交感の場所であるにちがいない。穏和な表情のマルヌ川をこよなく愛したラディゲは、こう書いている。

この川の流れは、優しさという点では、他のいずれの川にもまさっているように思われる。たとえばこの川を、それが支配を受けているセーヌ河と比較してみたまえ。セーヌ河はパリに至るまでの流れが陰鬱(いんうつ)きわまりなく、この都市を通過するためだけのものとして創造されている感があり、パリにきて初めて価値がでてくる。しかしパリを通過してしまうと、この河はまた寂しくなり、貧弱になってしまう。そこへいくと、マルヌ川こそは、全国民の英雄主義がその名を永遠に伝えるのにまことにふさわしい。(「二つの手帳」)

岸辺のベンチに座ってドワノーの写真集『パリ郊外』(文章はブレーズ・サンドラール)をナップザックより取り出し、このあたりを対岸ファナック島から写したショットを眺めてみる。その名も「マルヌ川沿いの結婚行進曲」。結婚式を終えたカップルが、小さな介添人を引き連れて川沿いを歩くシーンである。対岸に見えるのが、今から向かおうとしているダンスホール〈ロバンソン〉と〈シェ・ジェジェーヌ〉で、「当店名物の揚げ物」などと看板に書いてある。これからみんなで押しかける算段にちがいない。川べりには、「ペダロ」と呼ばれる足踏みボートがたくさんつながれている。井の頭公園や千鳥ケ淵で、女の子を乗せてボートをこぐようなものだけど、「ペダロ」は、ぱたぱたやってもなかなか進まない。でも、マルヌ川名物なのだった。

ドイツ方面へ向かう高速道路Ａ４の下をくぐる。自動車文明は、心休まる川辺も容赦してはくれず、まるでナイフのように、この自然のただなかにぐさりと直線を突き刺している。猛スピードで走り去る車の騒音に耳をふさぎながら歩いていくと、めざす〈シェ・ジェジェーヌ〉Chez Gégène が姿をあらわした。大きな駐車場が付いた、レストラン兼ダンスホールなのだった。トック帽をかぶったおじさんの巨大な看板が見える（写真59）。このガンゲットを始めたウージェーヌ・ファヴルーだ（ジェジェーヌはウージェーヌの愛称）。一八五〇年代に開業して、今でも客足が衰えないらしいから大したものだが、建物自体はまったく新しくなっていて、その昔の面影をうかがうすべもない。一九世紀のように、中庭で飲んで踊

59　現在の〈シェ・ジェジェーヌ〉。

⑥⓪〈シェ・ジェジェーヌ〉でのダンス大会のちらし。

るというのではなくて、室内で楽しむようになっている。その隣りの〈ロバンソン〉（もちろん「ロビンソン・クルーソー」に由来する）も、〈ル・プチ・ロバンソン〉として健在であった。とはいえ季節は、まだ冬。残念ながら、ガンゲットはしまっていた。一九世紀には、冬も賑わっていたというのに。ドワノーの写真「いつでも〈シェ・ジェジェーヌ〉」を見て往時のフィーバーぶりを偲び、引き返すしかなかった……。

……その二年後。うら若きN嬢がひと夏パリで過ごすというので、〈シェ・ジェジェーヌ〉を探検してきてくれないかと頼んでみた。するとうれしいことに、彼女は八月の週末に行ってきてくれた。ここは川べりを歩いているだけで、命の洗濯ができそうな場所だから、ヴァカンスの季節には、昼間のうちから、家族連れでさぞかし混んでいるのではと、わたしは想像していた。どうしても多摩川べりのイメージの延長線で考えてしまうのだ。ところが日中は閑散としていたという。

ヨーロッパの夏はとても日が長い。〈シェ・ジェジェーヌ〉のあたりが賑わいはじめるのは、午後八時を過ぎてからである。いつのまにか川べりのテラスは早くも満員となって、室内の座席も次々とうまっていく。そして一〇時すぎ、ようやくダンスタイムが始まる（写真⑥⓪）。ダンスホールには、レストランからも入れるようになっている。料金は、ひとり五〇フランほど。踊っているのは、中年の夫婦らしき人々が大半であって、若者はほとんど見られない。DJもいるのだが、かかる曲はワルツとかチャールストン――要するにひと昔もふた昔も前のレトロな雰囲気がただよっているらしいのである。一九世紀の民衆文化を象徴する「ガンゲット」、最近またリバイバルしているという噂も聞く。いつかまた夏にでもでかけてみたい。

3　思いがけず廃線歩き

緑の遊歩道

先ほども述べたように、バスチーユ発の郊外線はすでにない。一九六九年に廃線となったのだ。でも高架橋は今も残っていて、古代ローマの水道橋のようなアーチの下が、ショッピングアーケードに変身している。シックな家具の店、有名なスポーツ用品店、パソコンショップ、画廊などなど、どれも客を引きつけるに十分な魅力をもった店が並んでいた。

その高架橋の上が遊歩道になっているぞと教えられ、さっそく探検してみた。「緑の遊歩道」promenade plantée と書かれた場所から上にあがる。ゆっくり散歩する老人夫婦、ジョギングする中年男、あるいは犬を散歩させているご婦人、だれもが線路跡の遊歩道に親しんでいる（写真㉛）。しばらく進んでいくと、右手にリヨン駅の引き込み線らしいのが見えてくる。やがて、ぱあっと視界が開ける。公園として整備されたのだ。まわりには新しい高層住宅がたちならんでいる。

そこから左に曲がる道が、ジャック・イレレ通り。ジャック・イレレ（一八八六―一九八四年）はパリ史の権威、というよりも『パリ道路歴史事典』などの著者として、われわれにはおなじみの名前である。批評家のロラン・バルトや、レジスタンスで殺された歴史家マルク・ブロックも最近、パリの通りや広場の名前となったが、パリの道の歴史に貢献したイレレがその一人となったのはうれしい。そのイレレ通りを進み、メトロのモンガレ駅まで寄り道する。このあたりもオフィス街として開発が進んでいる。広場の屋台で、アンドゥイエットのサンドイッチなるものを食す。アンドゥイエット andouillette とは、豚や牛の内臓を細かく刻んで腸詰めにしたもので、ふつうは焼いて、マスタードを付けたりして食べる。スカトロジーの二歩手前ぐらいの味わいとでもいうか、病みつきになる臭みを有している。ただし、当たり外れがとても大きい。太いアンドゥイエットをそのままはさむのかと心配していたら、そうではなくて、ほぐしたものを野菜の煮込みといっしょにはさんでくれた。腸詰めの剛と野菜の柔とが調和した、とてもおいしいサンドイッチで、大当たりであった。

遊歩道に戻ると、やがてトンネルが見えてくる（写真62）。まったくの新都心みたいな場所に、突然にして鉄道のトンネルが出現するのだから、びっくりする。トンネルを越えると、そこはもう一面、森の緑だった。いつのまにか高架部分は終わって、地面より低いところを歩いていた。ここはパリのなかの田舎、ちょっとしたハイキング気分が味わえる。とはいえ、どうやらこの遊歩道は未完成らしくて、最後の部分がはっきりしなかった。道なりに

61　廃線跡の遊歩道。

62　廃線のトンネル。

㉟ 廃線を歩く。

㊱ プラットホーム跡。

㊲ 「パリ環状鉄道」。侵入できないようにしてある。

歩いていくうちに、また陸橋が見えてきた。なんと、まだ線路が残っているではないか！

この辺も、次に来たときには線路が取り外されているかもしれない。ただの遊歩道になり果てているかもしれない。こう思うと、いてもたってもいられなくなって、廃線歩きを決心した。とはいえ線路には入れないようにしてある。どうにか、うまい具合の場所を見つけてよじのぼり、線路の上に立つ（写真㉟）。ちょっとした冒険に、われながら感激してしまう。気を落ち着けて、枕木の上を歩き始める。わたしは別に鉄道マニアではない。廃線歩きなどという酔狂なことをするのは初体験なのである。廃線の枕木の感触は、堅からず、柔らかからず、足にちょうどなじんでいる。問題は枕木と枕木の幅にあった。間隔は四〇センチぐらいだろうか。ひとつひとつ踏んでいくと、ちょこちょこ歩きになってしまう。ところが、ひとつおきに歩くには幅がありすぎるのだ。枕木をひとつひとつ踏みしめていくしかない。やがてプラットホームの跡が見えてくる（写真㊹）。むろん草ぼうぼうである。このあたりは高架になっているけれど、ホームから外に出る階段が途中からとぎれているから、道におりることもままならない。それに引き返すにはもう遅すぎる。すると、にわかに空が暗くなり、雨が降り始めた。最初の感激もどこへやら、線路の上にひとりぼっちで心細くなってきた。あとで地図を調べて分かったのだけれど、わたしは郊外線を歩いてるつもりで、いつのまにか、パリ環状鉄道（一八六九―一九三四年）の方に足を踏みいれていたのだった（写真㊺）。

廃線を歩く

ややうつむきかげんに歩いていると、なんと反対側から七、八人の若者が歩いて来た。「廃線歩き」をきどったとはいっても、しょせんは鉄路への侵入者にほかならず、だれかにどやされたらどうしようと心配だったから、正直いって、同好の士に出会ってほっとひと安心した。リーダーらしき男が、ずっといけばセーヌ河も越えられるぞと教えてくれる。いや海まで行けるんだぜと、もうひとりが冗談を飛ばす。彼らは人数が多いから、廃線歩きを心から楽しんでいる。こっちもなんだかうれしい気分になって、雨の中を、折り畳み傘をさしながらちょこちょこ歩き続けた。途中で枕木を止める鉄片を拾って、記念の品とする。突然、赤信号が見えた。列車が走っているはずもないのに。歩いては危険だという合図なのだろうか？　やがて牧歌的な風景は消え失せて、操車場らしき場所の上部に出た。下をのぞきこむと、ＴＧＶが停まっている。やけに殺風景な場所で、「そうだマルタン君はこういう場所にたたずんでは、ぼやっと風景を眺めていたんだっけ。そうすれば時間の流れがゆっくり感じられると思って」などと、マルセル・エーメの小説世界にしばし入りこむ（短篇「死んだ時間」）。

それにしても雨足はいよいよ強まり、小さな傘ではびしょぬれだ。残念ながら、セーヌ河を渡るのは断念して、この辺で廃線歩きを中止することに決める。ところがどっこい、出る場所がなかなか見つからない。鉄柵が高くて、乗り越えられないのである。無理してよじのぼって、落ちてけがでもしたらみっともない。結局、ずいぶん戻って降りられる場所をようやく見つけ、めでたく帰還とあいなった。

下界に降りたっても、場所がさっぱり分からず、とにかく近くのカフェに飛び込んだ。冷えた身体を暖めてから、思いきってここはどこですかと尋ねると、メトロのポルト・ド・シャラントン駅の近くだと教えてくれた。後から考えると、もう少しでセーヌ河だったのだから惜しい気もするけれど、冷静に考えるならば、あの天候でたったひとりでセーヌに架かる鉄橋を渡るのは無謀というしかあるまい。ユニークな遊歩道ハイキング、お勧めである。ただし廃線歩きは、やめておくのが賢明かと思われる。

6　印象派の散歩道

郊外電車に乗って

セーヌ河沿いに「印象派の散歩道」というハイキング・コースができているという。画家がパレットを握ったであろう場所に、名画の複製が掲げてあって、ああこの風景は昔とほとんど変わらないとか、ここはまったく面影がないじゃないかなどと、景色を品定めしながらウォーキングが楽しめるという（写真㊻）。これは試してみる価値がありそうではないか。

という次第で、ある日思いたってサン＝ジェルマン＝アン＝レイ行きの郊外電車A1号線に乗った。マルメゾン（ナポレオンの館があって、庭園でのコンサートに行ったことがある）の駅を過ぎると、電車はまもなく高い鉄橋を渡る。下をセーヌ河がゆっくりと流れていた。シャトゥー＝クロワシー駅で降りたのは、わたしを含めて一〇人たらず。

今日もまた、ひとりぼっちのハイキングだ。でも地図というかけがえのない友がなくては寂しい。で、駅を出たところの観光案内所に行くと、詳しい地図をくれた。この折りたたみ地図、モネの作品を背景にして「印象派の画家たちの道」と題されている（写真㊼）。パリの西隣りのイヴリーヌ県——県庁はヴェルサイユ——が、地元の美しい自然に目を向けてもらおうと、こうした企画を推進しているらしい。

　地図という相棒ができてひと安心、駅前のかわいらしい広場を抜けて、セーヌ河まで戻る。橋のまんなかの階段から、川中島におりる。郊外レストランの元祖ともいえる、〈フルネーズ〉が見えてくる（写真⑱）。

⑯　セーヌ河沿いの散歩道。あちこちに複製名画が。

⑱　レストラン〈フルネーズ〉。

⑰　ガイドマップ「印象派の画家たちの道」の表紙。

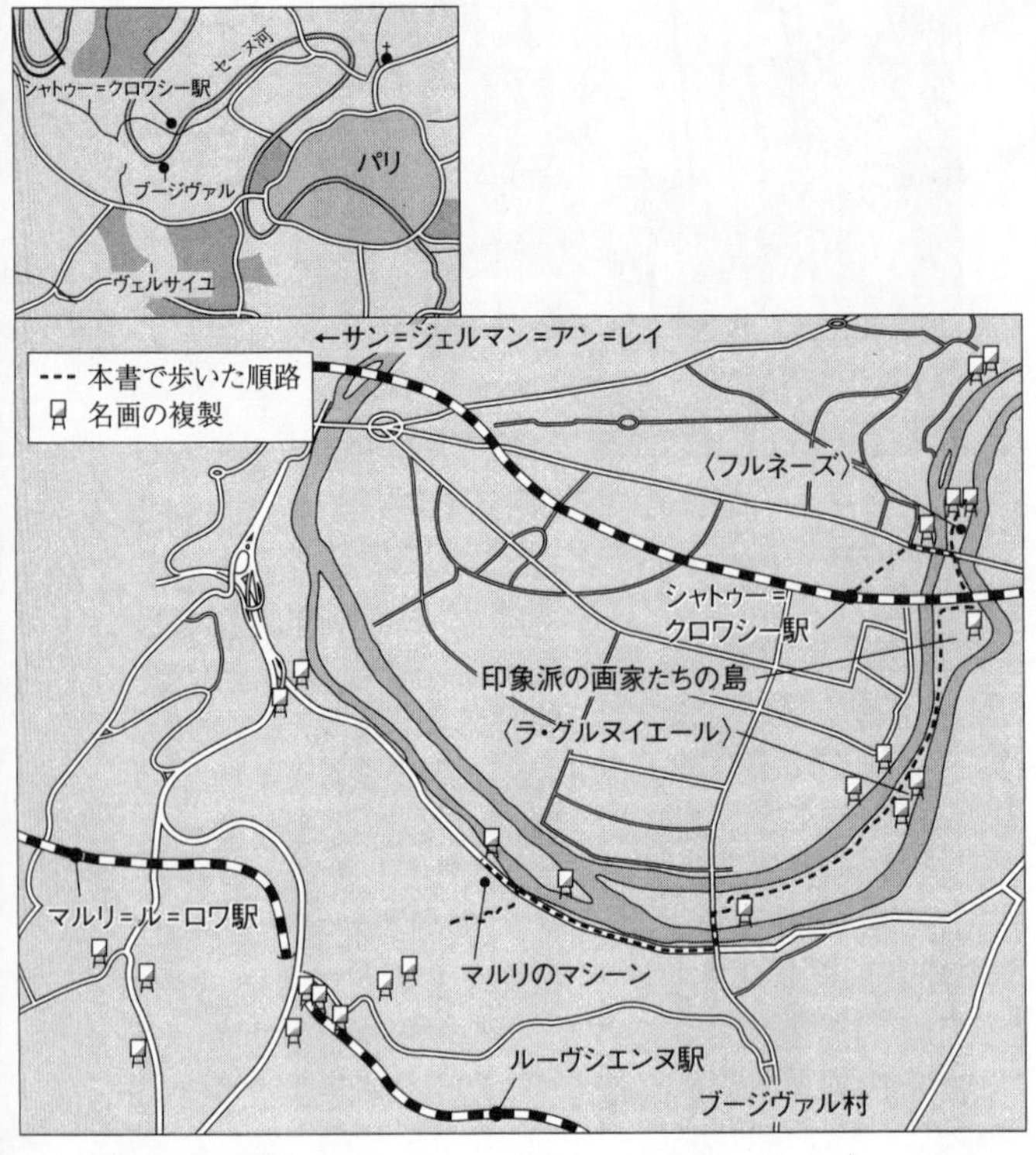

セーヌ河
シャトゥー＝クロワシー駅
パリ
ブージヴァル
ヴェルサイユ
←サン＝ジェルマン＝アン＝レイ
--- 本書で歩いた順路
名画の複製
〈フルネーズ〉
シャトゥー＝クロワシー駅
印象派の画家たちの島
〈ラ・グルヌイエール〉
マルリ＝ル＝ロワ駅
マルリのマシーン
ルーヴシエンヌ駅
ブージヴァル村

印象派の散歩道

ところで先ほど降りたシャトゥー＝クロワシー駅を通る鉄道路線の開通は、一八三七年にさかのぼる。パリのサン＝ラザール駅と、サン＝ジェルマン＝アン＝レイの手前のル・ペック村が結ばれたのであったが、実はこれこそパリではじめての鉄道だという（フランス最初の鉄道は、一八三二年に、リヨンとサン＝テティエンヌの間に開通している）。やがて、週末ともなればパリジャンがセーヌの水辺を訪れ、舟遊びを楽しむ時代が到来する。田舎の船大工にすぎなかったアルフォンス・フルネーズは、これに目をつけた。貸しボート屋にも手を広げて、蓄財に成功すると、一八六〇年にはレストラン経営に乗り出したのだ。マダムが料理の腕をふるった。そして娘のアルフォンシーヌが客あしらいにつとめ、その愛らしさで多くのリピーターを生んだ。フロベールやモーパッサンが来たし、ゾラの出版元シャルパンティエは女優を連れてよく訪れたという。

画家ならば、モネ、シスレー、ドガはいうに及ばず、カイユボットもこの川辺がお気に入りだった。ここは印象派誕生の地ともいえる場所なのだ。そしてなによりも、ルノワールはシャトゥーとは切っても切れない関係にあった。「わたしは〈フルネーズ〉に入りびたっていた。絵になるすばらしい娘たちが、好きなだけそこにはいた」とも述べている。アルフォンシーヌがそのひとりであって、画家は鉄橋をバックにした肖像画などを描いている。

船着き場近くで、最初の複製を発見する。ルノワールの《シャトゥーでの舟遊び》（一八八一年、ワシントン・ナショナル・ギャラリー）である（写真⑲）。地図に沿って歩いてい

⑲　ルノワール《シャトゥーでの舟遊び》(1881年)。

くと、こうした名画が、グリーンの枠に原寸で複製されていて、目の前の景色との比較を楽しむという趣向なのである。ルノワールの複製画に目を凝らす。〈フルネーズ〉で借りたのであろう。白いシャツに蝶ネクタイの若者が、二人乗りの細長いボート——フランス語ではyoleという——を漕ぎだそうとしている。岸辺では、女の子がドレスの裾を持ち上げて、舟を寄せてくれるのを待っている。行き先は、下流のラ・グルヌイエールと相場が決まっている。そのような場面をモーパッサンが描いている——物語では〈フルネーズ〉は〈グリヨン亭〉に変えられているが。

ボートは一隻ずつ、桟橋を離れていく。漕ぎ手は前にかがんだと思うと、規則正しい動きで、身体を後ろにぐっとそらす。すると先が微妙に曲がった長いオールの力によって、快速艇は川面をすべって遠ざかり、小さくなって、ついには、鉄道の走る橋の下に消えて、ラ・グルヌイエールの方に下っていくのだった。(「ポールの恋人」)

現在、対岸には大きなリゾートマンションのような建物があって、視界をさえぎられてしまっている。どうやら老人ホームであるらしい。わたしが訪れた時分には、まだなかったが、現在では《舟遊びをする人たちの昼食》の複製も立っているとのことである。これはレストランのテラスでルノワールの友人たちが会食する様子を描き出したタブローとして有名だ。左側、テーブルの端で子犬と対話しているのが、のちに画家の妻となるお針子のアリーヌ、その背後の、腕っぷしが強そうな男は、店の主人アルフォンス・フルネーズにちがいない。なにしろ筋肉隆々で、「エルキュール（ヘラクレス）」というあだ名を頂戴していたのだから。手すりにもたれている若い女性が、娘のアルフォンシーヌである。左奥には、白帆を浮かべたセーヌ河が描かれ、オレンジ色の日除けのすき間から鉄橋が見える。

ところでいい忘れたけれど、このレストランも二〇世紀に入ると客足が落ちて、世間からは長いこと忘れ去られていた。保存の動きが活発となり、修復がおこなわれたのは、一九八〇年を迎えてのことだ。こうして、ベージュの石と茶の煉瓦が交差した壁面に、スレートの黒い屋根を載せた建物は、現在では、ちょっとした観光の目玉にもなっている。テラスの感じが、黄色とオレンジの縞模様の日除けを始めとして、《舟遊びをする人たちの昼食》にそつくりである。ルノワールのタブローを参考にして復元したにちがいない。

さて〈フルネーズ〉をあとにして、鉄道橋をくぐる。ここから先は、「印象派の画家たちの島」と呼ばれている。運動公園では、おおぜいの人がジョギングを楽しんでいた。やがて茂みのわきに、ルノワール《シャトゥーの鉄道橋》の複製を発見する。このあたりは島によってセーヌの流れが二分され、川幅がとても狭い。そこを時々、細長いぽんぽん蒸気がエンジン音をとどろかせながら進んでいく。顔をのぞかせている船員たちも、なんだかすごく暇そうで、のんびりした表情だ。近くで釣り糸を垂れている地元の爺さんが、「その昔はな、パリまで小麦を運んでいく船がたくさん通ったものなんじゃよ」と話してくれた。目の前の船、今はなにを運んでいるのだろうか？

島の幅がどんどん狭くなって、このまま消えてしまうのではと思ったら、そこがラ・グルヌイエールだった。あった、あった！　モネとルノワール、ふたりの《ラ・グルヌイエール》が仲良く立っている（写真⑳、㉑）。複製の位置からして、有名なガンゲット〈ラ・グルヌイエール〉は、川幅がより狭い、東の側に存在したらしい。モネの絵を見れば分かるけれど、この踊れるレストランは二つの部分からなっていた。ひとつが陸地につながれた大きな屋形船のような食堂部分、もうひとつが、その形から「カマンベール」と呼ばれていた円形の小島である。「カマンベール」は丸木橋により、「屋形船」とも、島とも結ばれていた。昼間はこの丸いチーズが飛び込み台となり、宵闇せまれば、男女入り乱れてのダンスの舞台にもなるという仕掛けである。今はむろん、屋形船もカマンベールも、影も形もない。その代わりに、近くの木の根本を円形に盛り上げて、「ラ・グルヌイエールのカマンベール」と書いてある。なんだか涙ぐましいまでの客寄せ手段とはいいながら、ほほえましい光景であった。

⑳、㉑　ふたつの《ラ・グルヌイエール》。
（上）モネ《ラ・グルヌイエール》（1869年）。
（下）ルノワール《ラ・グルヌイエール》（1869年）。

一八六九年夏、若き日のモネとルノワールは、それぞれ対岸ブージヴァルに居を定めて、このラ・グルヌイエールで制作に励んでいた。貧窮にあえぐモネが、友人の画家に一樽のワインの無心をした手紙を拾い読みしてみよう。

冬は間近です。不幸者にとってはいい季節ではありません。それからサロンがやってきます。何も描かなかったからです。夢は見ています、一点の絵を。ラ・グルヌイエールの水泳場です。（中略）ラフ・スケッチは描いたのです。でもそれは夢なんです。ルノワールはちょうど二ヵ月ここで過ごしました。彼もこの絵を描きたがってます。（バジール宛て。デンヴァー編『素顔の印象派』より）

ルノワールも「毎日、食べ物があるとはかぎらなかった」と書いているように、二人は空腹を抱えながら制作にいそしんだ。やがて両者は、印象派の誕生を告げる《ラ・グルヌイエール》を完成する。現在、モネの《ラ・グルヌイエール》はニューヨークのメトロポリタン美術館に、ルノワールの《ラ・グルヌイエール》はストックホルム美術館に陳列されている。画集を開き、ふたつのタブローを見比べて楽しんでいる、熱心な美術ファンがたくさんいるにちがいない。両者は、ずいぶんと色調が異なっている。ここでは、視野が広く取ってあって、このガンゲットの様子をうかがうのに便利だから、モネの絵を眺めてみよう。

水上レストランでは、女たちが手すりにもたれてなにかを待ち受けている。壁板には「船貸します」と書かれている。そしてシルクハット姿の紳士が、おっかなびっくり「カマンベール」に渡ろうとしている。その人工島には、一〇人ほどの男女がつどう。左の黒い水着姿の女性は、水に入るのをためらって、おたがい譲りあっているみたいだ。その左側が「ラ・グルヌイエール」、つまり水泳場である。grenouillère とは本来、カエル grenouille の生息する沼地を意味したのだが、一九世紀半ば頃から、やや皮肉に「泳げなくても、ばしゃばしゃ楽しめるような、川辺の水泳場」を表すことになった。男どもが、「早く水の中においでよ」と、カマンベールの女たちを誘っている。

ラ・グルヌイエールはパリから手軽に行ける水辺の歓楽地として、人気を博していた。ボート遊びをしたり、泳いだり、食事やダンスを楽しんだりと、パリっ子の週末のレジャーを演出してくれたのだ。そんなこともあって、モネやルノワールのタブローを鑑賞する者は、画面から、なにかしら優雅にしてロマンチックな物語を読みとるかもしれない。実際、美術書の解説には光の縞模様、ゆらめく水面、休日を謳歌するブルジョワジーといったことばが氾濫しているのだから。

「にごりえ」の世界

なるほどモネやルノワールの絵画を、紋切り型の印象派のプリズムで眺めるならば、光の縞模様のオーケストレーションといえば話はすんでしまう。でもルノワール自身、ラ・グルヌイエールには「世の中のあく、上流社会の下劣さやかび」が見いだされると述べていることを忘れまい。こうした「あく」や「かび」を身をもって引き受けるのが、文学テクストにほかならない。というわけで、冒頭で引用したモーパッサンの短篇「ポールの恋人」(一八八一年)を読んでみたい。

――対岸では、家族連れや恋人たちが、「大きな水上カフェ」への渡し船を待っているというから、ほのぼのとした光景ではないか。ところがラ・グルヌイエールに近づくにしたがって、大きな樹木の下を散策する者たちの様子が目に見えてちがってくるのだ。厚化粧の女たちが、品の悪さをむきだしにして、あたりを闊歩している。そのかたわらの青年たちは、ファッション雑誌のグラビアから抜け出してきたみたいに、「エナメルのブーツ、糸みたいに細いステッキ、にやけた笑い方を余計に際だたせる片メガネ」で決めているという。どうやらここは、岸辺の下卑た社交界であるらしくて、決して優雅なる場所ではないのだ。その証拠に、作家は別の短篇でうら若い女性に、「ラ・グルヌイエールに連れていってくださいな。あたし、見てみたいの。ママは、身持ちのいい女は、あんな場所に行ってはだめっていうのよ」(「イヴェット」)とまでいわせているではないか。

混雑した水上カフェでは、酔っぱらいが血走った目をしてわめいている。そして「女たちは、今晩の獲物を探しながら、さしあたりは、自分の飲み代をだれかに払ってもらおうとしている」のである。モーパッサンを解読の鍵とするならば、モネの絵で、手持ちぶさたにたたずむ女たちとは、実のところ、こうした人種ではないのかと思えてくる。樋口一葉の小説ではないけれど、この水浴場は「にごりえ」つまり濁った入り江にほかならず、春をひさぐ女たちのメタファーとして機能しているのではないか。この水辺は要するに、パリの「泥水稼業」の女たちの生息地にちがいない。「この島は、ちょうどラ・グルヌイエールのところでくびれている」と書いたとき、モーパッサンは確実に、この愛欲の島を女体になぞらえていたのだ。こうした作者の筆は、きわめて辛辣かつ厭世的なものといえる。

　ここでは、世の中のあくや、抜きんでた卑劣さや、パリ社交のかびの臭いが、つーんと鼻をつくのだ。（中略）この場所は、愚かさがにじみ出ているし、下劣さと、安っぽい色事の臭気を発散している。オスもメスも、ここでは似たり寄ったりなのだ。愛欲の臭気がただよっているのである。

「パリ社交のかび」、そう、ルノワールと同様の表現が使われているではないか。ところで「ポールの恋人」は、レスビアンという主題を作者自身の自殺願望と結びつけた短篇といえる。モーパッサンの恋人ジゼルもまたバイセクシュアルであり、男装趣味の彫刻家・小説家にして、ジャンヌ・ダルクを崇拝するフェミニストでもあったという。爆弾犯人の嫌疑までもかけられたことがあるというから、『女の一生』の作者にしては、ずいぶんと激しい女を愛したものである。こうした作家の強迫観念の産物としての短篇「ポールの恋人」とは、明らかにモネやルノワールのタブローの陰画なのである。この水辺はやはり、「ロマンティックな恋の場というより、むしろ濁った性愛のトポス」（山田登世子）であるにちがいない。陽光を浴びて、この「にごりえ」を動きまわる男女の肉体に対しては、「太陽はこの腐れ肉の上に燦々（さんさん）と照っていた、この肉をほどよく焼こうとして」（ボードレール『悪の華』「腐屍」）と、悪意に満ちた表現のひとつも投げ返してやりたい。

女たちがフレンチ・カンカンに興じ、男たちが「卑猥な身ぶりをしながら、ガマのようにうずくまる」島——ここには、光のたわむれだけに収斂（しゅうれん）されない印象派の世界が、確実に存在する。モネもルノワールも、そうした陰の部分を密やかなかたちで描き込んでいるのである。雑踏のような展覧会場で、印象派の絵画に見とれながらも談笑をたやさない、日出ずる国の不思議な女性たちは、果たしてそこまで感じているのだろうか？　違和感を覚えずにはいられないのだ。

わたしは別に根暗な人間ではないものの、ゾラをひいきしているから、こんなことまでも頭をよぎる。それは、かつて若き美術批評家としてマネを発見し、《エヴェヌマン紙》でモダンな画家の出現を擁護したゾラが、その三〇年後に、ふと思い立ってサロン（官展）にでかけて、《フィガロ紙》——その前身は《エヴェヌマン紙》である——に書きつけた感想なのである。

まず印象的なのは、明るい色調が基調となっていることだ。まさに、すべてのマネ、すべてのモネ、すべてのピサロというところ。昔、彼らの一枚の絵が展示室に架けられたときには、それは他の絵のあいだにあって、光の穴となっていたのに。それはまさに自然に対して開かれた窓、あの名高い、室内に入り込む屋外であったのだ。ところが今日では、屋外しか存在しないではないか。だれもが、わが友人たちを罵倒し、さらには、このわたしをののしっておきながら、今では彼らに追随しているのである。よかった、よかった。転向とは、いつでも喜ばしいことなのだ。

わたしがさらに驚いてしまうのは、彼ら転向した連中のフィーバーぶり、明るい色調の濫用なのであって、いくつかの作品などは、あまりに長く洗いすぎて、その洗濯物が脱色してしまっている。（中略）この「洗いざらしのサロン」を前にしていると、（中略）わたしなどは、昔のタール色した「黒いサロン」がなつかしくなってしまうのだ。たしかにあれはあまりに黒すぎたけれど、こっちはこっちで白すぎるではないか。生命（いのち）というものはもっと多様で、熱くて、しなやかなものなのである。（一八九六年五月二日）

「ポールの恋人」（モーパッサン、一八八一年）

七月の午後、セーヌ河畔の〈グリヨン亭〉から、ボートが続々と下流の水上カフェ〈ラ・グルヌイエール〉に向けて出発していく。上院議員の息子のポールも、自家用ボートに恋人のマドレーヌを乗せて、カフェに到着する。やがて男装の麗人をまじえて、レスビアンで有名な四人組がやってきて喝采を浴びる。マドレーヌが彼女たちとあまりに親しげに話すので、嫉妬にかられたポールはなんとか引き離そうとするが、逆にののしられる。やがて二人は〈グリヨン亭〉に戻って、島を散歩する。ロマンチストのポールは夕暮れの詩情に感動をおさえきれないけれど、恋人は調子外れの歌をハミングするだけ。夕食後、また〈ラ・グルヌイエール〉に行くマドレーヌに、ポールもしたがう。水上カフェは、カンカン踊りで盛りあがっている。いつの間にか姿が見えなくなった恋人を捜しにいったポールは、彼女が草むらでレスビアン四人組のひとりと愛し合っているのを目撃してしまう。そしてショックのあまり、セーヌの流れに身を投げるのであった。

ブージヴァル村

なにしろ揺籃（ようらん）の地を訪れたものだから、印象派というレッテルだけを見て、勝手にフィーバーしているかに思われる一部の観客に、ついつい苦言を呈してしまった。そろそろラ・グルヌイエールに別れをつげよう。このハイキング・コース、水面から三メートルほどの高さであろうか。少し前に増水があったらしくて、木の枝には、布きれや紙がからみついている。ジョギングしている人が、わたしを追い抜いていく。でもこの起伏は、ほとんどクロスカントリーなのである。ごくろうさまです。やがて企業グラウンドの横を過ぎると、セーヌに架かる大きな橋が迫ってくる。対岸が、いよいよブージヴァル村だ。

ブージヴァルの栄光を築いたのは、わが国の最良の風景画家たちがこの地を偏愛して、その木陰の下でアイデアを生みだし、よい季節には、孤独を心に満たしたからだ。やがてはブージヴァル派が誕生して、ローマ派やフィレンツェ派と競いあうかに思われる。（テクシエ）

『タブロー・ド・パリ』の作者がこう語ったように、ブージヴァルは以前からミレー、コローあるいはターナーといった画家たちによって愛されてきた。やがて一八六四年、セーヌをまたぐ橋が架けられた。そしてさっきも述べたけれど、一八六九年夏、困窮にあえぎながらも、モネがカミーユとともにこの村にやってきてアトリエを構えたのである。「ぼくらが飢え死にしないように、ルノワールが家からパンを持ってきてくれた。この一週間というもの、ワインもないし、台所の火もなければ明かりもないんだ。ひどいもんだよ」と、画家は告白している。

　そのモネが描いた《ブージヴァル橋》を発見する（写真⑫）。季節は秋の夕方であろうか。樹木が長い影を落としている。幼い子供を連れた母親など、村の人々が三々五々橋を渡っていく様子が心にしみとおる。とはいえ、この複製が立てられている場所の先を見れば分かるように、モネが描いた橋はもはや存在しない。今では、近くにもっと大きな橋が架かっているのだ――。

⑫　川沿いに立つモネ《ブージヴァル橋》（1869—1870年）の複製。

　いい季節を選んで、このあたりを散策するのはこの上ない贅沢であるにちがいない。蛇行して流れるセーヌ河、鮮やかな緑、そして大地の微妙な起伏、豊かな自然がわが身を包みこんでくれるのである（写真⑬）。一九世紀の画家や作家がこのあたりを愛したのも十分に納得がいく。しかも駅からパリまで小半時で行けるのだ。フランスでサラリーマンだったなら、この辺に家を建てたいな。いや、やっぱり『肉体の悪魔』の舞台のマルヌ川の静かな岸辺も捨てがたいのだから、迷ってしまう。でも、このあたりは、駅までの坂道がしんどい。となると水辺を少し離れて、丘の上のルーヴシエンヌ駅の近くで手を打つのが賢明かもしれないぞ。だけどマルヌ川より、こちらの方がどう見ても高級住宅地だから、手が届きそうにないなどと、しばし思い悩むのである。

やがて普仏戦争後、この地に芸術家が大挙してやってくる。画家では、シスレーやベルト・モリゾの画集を繙くなら、この近辺を描いたタブローをたくさん発見できる。モネ本人だって今度は、近くのアルジャントゥーユに住んでいる。小説家ならば、ロシアのトゥルゲーネフがいて、その屋敷は現在はミュゼになっている。そして音楽家のビゼー、あの《カルメン》の作曲家もブージヴァルで世を去るのである（一八七五年）。

(73)　ブージヴァルをゆったりと流れるセーヌ、ゆったりと流れる時間。

ブージヴァル村というならば、印象派ではないけれども、たしかオルセーにあるはずの、ヴラマンクの《ブージヴァルのレストラン「マシーン」》（一九〇五年）というタブローも思い出す（写真(74)）。ヴラマンクというと、当方のイメージは黒・白・青といった冷たい色彩が勝った画家、へたうまの画家なのだけれど、この絵は、なにやらマチス風というか、あるいはマルケ風というのか、赤・橙・緑という暖色系統が目立つ作品なのである。ブージヴァルの橋を渡ったところのレストランを、赤とベージュで描いたのだという。ところが、それらしき場所が見つからない。おまけに、さきほどから腹の虫がぐうぐういい始めている。そこで、目の前のクスクス・レストランに入って、昼食にした。でもクスクスでは芸がないから、珍しくも肉と野菜の煮込み料理「タジーヌ」tajine を注文して、チュニジア・ワインを飲みながら、腹つづみを打つ。印象派の島を望みながらの北アフリカ風シチュー、これはこれで、まことに風流なものであった。

⑭　ヴラマンク《ブージヴァルのレストラン「マシーン」》（1905年）

腹ふくるると眠気をおぼえるのは、人のならい。けれども、がんばってマルリの方に歩いていく。すると「マルリの機械（マシーン）」Machine de Marly と書いてあるではないか。これで納得した。「マシーン」とは、ルイ一四世がセーヌの水をヴェルサイユ宮殿に送るために作らせた巨大な揚水装置のことなのだと。レストランは、この機械にちなんで「マシーン」という名前を付けたのである。案の定、揚水装置のすぐ近くで、ヴラマンクのタブローの現場を発見——レストランは、ペルシャ絨毯の店に様変わりしていたけれど。これで、ほっとひと安心して、マシーンの丘をのぼる。そして、どうにも睡魔には勝てず、ついに中腹のベンチでの昼寝とあいなったのである。

以上、合計三日間かけて歩き回った記録をダイジェストしてみた。揚水装置の先を歩いていけば、岸には人々の暮らす瀟洒な船がいくつもつながれている。やがてシスレーの洪水の絵で有名なカフェも見えてくる。自分は健脚の持ち主だと思われるならば、さらに今度は丘をのぼって、小説家アレクサンドル・デュマが住んだ「モンテ・クリストの館」まで歩いていくことをお勧めする。その庭には、洞窟やら滝が配されていて、子供の時代に戻って探検ごっこを楽しめるのである。また「マシーン」の丘の上までいけば、先ほどのシスレー、それにピサロという、いわば渋好みの画家のタブローをたくさん鑑賞できる。

散策のあいまに、少しばかりの理屈をこねてみた。とはいいながら、いい季節に、印象派の画家たちが好んだ川辺を歩く経験をしたならば、陰画がどうのこうのということなどは、もはやどうでもいいことになるのも本当のところなのである。それほどに、まばゆい光の反映は圧倒的なものなのだから。

学術文庫版付録

青春のカルチエ・ラタン——中世・ルネサンスへの小さな旅

中世からルネサンスのカルチエ・ラタンを少しだけ歩いてみよう。セーヌ左岸は通称「大学（ユニヴェルシテ）」、向学心に燃える若者たちが各地から、各国から集まった。そこには、オックスフォードやケンブリッジの「カレッジ」と同じく、いくつもの「学寮（コレージュ）」が存在していた。「学寮」は奨学金を得て学びに来る若者たちの宿舎で、たとえば一三三一年創立のブルゴーニュ学寮は、ブルゴーニュ地方出身の貧しい学生二〇人を収容していた。時代がちがうけれど、松山から上京して東京大学予備門に入学した正岡子規が、「常磐（ときわ）会寄宿舎」（旧伊予藩の施設）に暮らしたことを想起すれば、当たるとも遠からずだと思う。やがて各学寮は、競うようにして有力な教師を抱えて、授業も行うようになる。一六世紀半ば、パリの学寮は四九、そのほとんどがカルチエ・ラタンにあった。

パリ大学は、出身地別に四つの「国民団（ナシオン）」——学生自治会みたいなもの——に分かれていた。地元パリ出身者や、南仏・イタリア・スペインの学生は、最大の「フランス国民団」に属し、その「礼拝堂」はナヴァール学寮にあった。ところで、揺籃期の大学には、まともな校舎も、机も椅子もなかったらしい。文芸学部は「フワール通り（街）」にあったのだが、fouarreとは「麦わら」、通りのおんぼろ教室での授業のときに、座席用の「麦わら」を売っていたことにちなむというから驚いてしまう。ダンテの『神曲』「天国篇」を読んでみよう。トマス・アクイナスが、師アルベルトゥス・マグヌスを筆頭にとする一二人の賢者の紹介をおこなう。そのしんがりをつとめるパリ大学教授のスコラ哲学者シジェールについてこうある。「さて（中略）、ひとり残されている光は／（中略）シジェールの永遠の光だ。彼はフワール街で講義中に／三段論法で真理を証し、嫉みを買った」（『神曲』「天国篇」第十歌、平川祐弘訳、河出文庫）。大学なるものの原点が青空教室であったことを肝に銘じようではないか。そこには、まさしく青雲の志を抱いた若者が集っていたのだ。きれいな校舎と豪華な設備があれば、知性や教養を涵養できると思ったら、大まちがいである。なお、フワール通り界隈は、現在も古

16世紀半ばのパリ。

(75) フワール通り界隈。

いパリの雰囲気が残っていて、とても心がなごむ（写真(75)）。

学生は、今も昔もいたずら好きだ。ラブレーが描いた、フワール通りでの悪ふざけを紹介しよう。パリ大学に遊学した巨人パンタグリュエルはパニュルジュというトリックスターと出会って一目惚れ、彼をお供にする。このパニュルジュというのがまた、文芸学部の先生たちとすれちがえば、「挨拶がわりに、（中略）帽子がわりのたれ布に、うんち玉（エストロン）を入れる」（『パンタグリュエル』第一六章、宮下志朗訳、ちくま文庫）という悪太郎で、とんでもないいたずら好き。ある日、教授連中がフワール通りに集まるという情報を入手した。今なら教授会かなんかだろうか。で、パニュルジュがどうしたかというと、「ニンニク、ゴムの樹脂、（中略）ほかほかうんちを混ぜて、ブルボネ風のタルトを作り」、「夜明けの頃に、石畳にくまなく、ぬるぬる、べたべたっと」なすりつけたのだ。おかげで教授連中は、すってんころりんして、げろげろっと吐きまり、「あげくのはてに、一〇人ないし一二人がペストであの世行き」となってしまう。えっ、あの世行きだって、ラブレーの物語は残酷ですねなどと思わず、ぜひとも読んでほしい。たとえば仲間のエピステモンが戦いで首を切り飛ばされたって、首と胴体を「高級な白ワインで丹念に洗浄」してから、「ウンチ奇応丸(ディアメルデス)」をマスタードでまぶして塗ると「摩訶不思議」、エピステモンは生き返り、「貯めこんでいたおなら」を一発ぶっぱなす。これがラブレー・ワールドのすばらしさ。カルチエ・ラタンでのいたずらも、スカトロジーと極端な誇張による、みごとなドタバタ喜劇にほかならないのだ。でも、似たようないたずらをした連中もいたにちがいないなと、わたしは睨んでいる。

さて、フワール通り界隈を離れて、モンターニュ＝サント＝ジュヌヴィエーヴ通りの坂道を上っていこう。左側に「ナヴァール学寮」が見える（古地図、中央①。中庭にNAVARREとある）。フィリップ四世の妃ジャンヌ・ド・ナヴァールが一三〇四年に設立した学寮で、「ソルボンヌ学寮」と並んで神学の拠点だった。パニュルジュは、この学寮のあたりでも、いたずらを実行する。夜警の一団が坂を上がってくる頃合いをみはからい、大八車を坂の上から転がして、「夜警団の連中をひとり残らず、ブタみたいに地面にひっくり返して」、やったぞと逃げていったのである（同上）。学生たちは、逆に、坂の上まで持ち上げる悪ふざけだってやらかした。一五世紀なかば、セーヌ右岸市役所の近くにあった通称「悪魔の屁 Pet au Diable」と呼ばれた巨大な石を、わざわざ丘まで運び上げたのだ。警察がこれを元の場所に戻すと、学生たちはまた奪い返した。「悪魔の屁」という境界標が、自由を尊ぶ大学（の学生）と官憲の対立のシンボルとしての奪い合い、ある種のゲームとも思える

⑯　エラスムスが学んだモンテーギュ学寮の記念プレート。

けれど、ついには裁判沙汰になったという。おそらく、このいたずらに一枚噛んだ学生ヴィヨンは、のちに代表作『遺言書』で、育ての親のギヨーム司祭という大恩人に、『悪魔の屁』の物語を遺贈している（『遺言書』八八）。ただし、『悪魔の屁』という作品は未発見だ。ヴィヨンは『悪魔の屁』を書いたと信じる人もいるが、やはりこの物語は架空の存在なのでは？

ナヴァール学寮の「フランス国民団」の礼拝堂に保管されていた、パリ大学神学部の教授・学生たちの金に目を付けたのも、不良学生のヴィヨンだった。仲間たちと学寮に忍びこみ、宝物箱を壊して金を奪った。ところがやがて、おしゃべりな見張り役ギー・タバリーのせいで、犯行が露見してしまう。ところが、口の軽いこの男ギー・タバリーが、『遺言書』には、なんと『悪魔の屁』の筆耕として出てくるのだ。かくして「悪魔の屁」事件とナヴァール学寮事件とが交叉して、謎は深まるばかりだ。

ところで学寮といえば、現在、パンテオンが建つサント＝ジュヌヴィエーヴの丘の北側にあるサント＝ジュヌヴィエーヴ図書館は、その昔はエラスムスが寄宿した「モンテーギュ学寮」（古地図の②、MONT.ECV）だった。ちゃんと記念のプレートがある（写真⑯）。ユマニストの王者は、学寮のあまりに厳格な規則に耐えきれずに一年足らずで退寮、後年、こう告白する。「三十年以上も前のことになるが、おれはパリに住んでいた、ある学寮に寄宿してな。（中略）だがね、おれとしては濁った体液にやられた五体と、無数のシラミ以外、なにひとつちょうだいしないで帰国したわけさ。（中略）かちかちの固い寝床に寝かせ、まずい食い物をけちけち食わせ、徹夜徹夜の詰めこみ教育なんだな。」（『対話集』「魚食い」二宮敬訳、《世界の名著17》中央公論社）。

エラスムスを私淑するラブレーだって、負けてはいない。ピクロコル戦争で、巨人ガルガンチュアが櫛で髪をとかすと、敵の砲弾がばらばら落ちてきた。すると父親のグラングジエが、「おまえはモンテーギュ学寮のシラミ鳥をご持参かいな。あのようなところに住んでほしくはなかったんじゃ」（『ガルガンチュア』第三七章、宮下志朗訳、ちくま文庫）と反応するのだから。

やがてパリの「学寮」は次々と消えていき、『ゴリオ爺さん』の「ヴォケール館」のような下宿屋にその役目を譲る。では、最後の学寮を訪ねてみよう。サント＝ジュヌヴィエーヴ図書館のとなりの「サント・バルブ学寮」（古地図ではC.S.DARBEと誤記）がそれである（写真⑺）。イエズス会の創設者ロヨラや、日本にキリスト教を伝えたザビエルの学舎として名高い。この学寮は一九九九年まで存続し、「国境なき医師団」を創設したベルナール・クシュネールなどを輩出している。

⑰　サント＝バルブ学寮。

サント＝バルブ学寮から移籍した教授陣のおかげで、一躍フランスに誇る教育機関となるのが、一五三三年に開設されたボルドーのギュイエンヌ学寮。正にその年に生まれて、英才教育でラテン語を母語として育ち、わずか六歳でこの新設学寮に入ってきたのがミシェル少年、のちの『エセー』の作者である。

「学寮」をめぐる「小さな旅」をしてみた。たまには羽目を外してもいいけれど、学生の本分はやはり勉強だ。詩人ヴィヨンだって悔やんでいる。「おれはわかってるんだ／あのでたらめな青春時代しっかり勉強していれば／家を持って、柔らかいベッドに眠れたのにと。／なのに、なんたるざま！　おれさまは不良少年みたいに／学校を避けていた」（『遺言書』二六）。

＊読書案内
ダンテ『神曲』「天国篇」平川祐弘訳　河出文庫　二〇一〇年
ラブレー『パンタグリュエル』宮下志朗訳　ちくま文庫　二〇〇五年

エラスムス「対話集」渡辺一夫編『世界の名著17』二宮敬訳　一九六九年

本稿の初出は、野崎歓編著『フランス文学を旅する60章』明石書店、二〇一八年。大幅に加筆したが、祖型は『週刊　司馬遼太郎――街道をゆく57　南蛮の道1』（朝日新聞社、二〇〇六年）に書いた短文「カルチエ・ラタンが生んだユマニスト」である。

あとがき

さて、ちょっと風変わりなパリ歴史探偵紀行はどうでしたか？　モニュメントならざるものを、むしろ好んで訪ねて推理する旅を、お楽しみいただけただろうか。

ところどころで、「わたし」が顔をだす。論述的なパリ論ではなくて、たまには、作者がパリの街やテクストのなかを動きまわるさまを、そのまま――いや、もちろん少しは脚色してあるのだが――描き出して、それがおのずからパリの歴史を論じるような本があってもいいと思って、書いてみたのである。新書というジャンルは、とかく「手軽な情報本」の同義語とみなされがちだけれど、そうした定型も外してみたかった。こうした試みがうまくいっているかどうかは、読者のみなさまの評価に待つしかない。「中世の城壁」でもなんでもいい。ことがらの本質をきちんと整理・解説するというならば、ほかに適任者が存在するにちがいない。そうした明晰なる知性はしかるべき方におまかせして、ぐじゃぐじゃと動きまわり、探偵気分でかぎまわってみたかったのである。

とはいえ、本書は作家がものした紀行文でも随想でもないわけだから、要所要所で説明的な記述も展開している。パリ史の痕跡や記憶の場に関心を抱かれた読者は、巻末の文献表などを活用されて、それぞれにタイム・トラベラーになられるがいい。むろん本書を携えて、実地にパリの路上観察に、あるいは川辺歩きに乗り出してくだされば、これにまさる喜びはない。ただし、あのワインの店が今以上に混むようなことになると、TさんやS子さんに恨まれてしまう。複雑なる心境でもあるのだが。

それにしても、巻末の「パリ本」を選定していて思ったのだけれど、少なくとも日本語文献にかぎった場合、パリを論じた著作にはなぜか一九世紀関係ばかり目立つ。その一方で、中世・ルネサンスのパリを描いた著作がほとんどないのは、とてもさびしい。この領域でもおもしろい書物が出現して、遥か昔のパリを探して歩く旅人がふえることを望みたい。パリは、そうした時の旅人の期待に、確実に応えてくれる街なのだから。わたしも今回は、シャルル五世の城壁跡をきちんとたどるだけの時間を持てなかった。本書を手にして、もう一度、バスチーユ広場から歩きなおすつもりでいる。

なお本書には、数多くの写真を引用したが、マルヴィル、アジェといった写真史を飾る作品以外は、いずれもわたしが現地におもむいて撮影したものである。ただし、いくつかの場所に関しては、あらためて写真を撮りなおす必要に迫られた。そこで篠田勝英・石割菜穂ご両人には、渡仏の際に撮影をお願いした。記して感謝したい。

ところで、今年が没後百周年という意識もはたらいて、本書では小説家エミール・ゾラ（一八四〇―一九〇二年）が、ひとつの参照の軸となっている。近代都市が抱えるさまざまな問題を、ゾラほど象徴的な形で小説に仕立てた作家はいないのではないかと、常々思っているからだ。ベンヤミンはそれを、「飲み屋に掛かっている、くもったままの鏡は、ゾラの自然主義の比喩だ」(「パリ・鏡のなかの都市」)と巧みに表現している。本書をきっかけに、ゾラの作品がより多くの読者を獲得することを期待したい。なにしろフランスでは、作品がしばしば映画化される、永遠のベストセラー作家なのである。

＊　＊　＊

本書の心優しき仕掛け人は堀沢加奈さんである。最初に当方に声をかけてくれたのは、ずいぶん前の話だ。やがてパリを主題にした本というプランが決まり、在外研究の合間をみてはパリの街角や郊外を歩きまわって、写真を撮影した。ところが、帰国後がいけない。仕上げる時間がなかなかとれないのだ。それでも彼女は、辛抱強く待ち続けてくれた。「わたし」が顔を出すという記述のスタイルも、気に入ってくれた。最後は、なんだか突然に押せ押せのスケジュールとなってしまったから、ぐじゃぐじゃかきまわしたものが発酵する時間が、ほんの少し足りなかったかもしれない。とはいえ、なんとか責任を果たすことができてほっとしている。堀沢さん、すてきな本になりました。本当にありがとうございました。

二〇〇二年四月　　　　宮下志朗

学術文庫版へのあとがき

本書は拙著『パリ歴史探偵術』（講談社現代新書、二〇〇二年）を『パリ歴史探偵』と改題した上で、加筆訂正したものである。

わたしにとっては初めての新書だった。パリを実際に歩きまわって、その歴史の痕跡を探るとともに、関連する文学テクストも引き合いに出すことにより、そうした文学作品を読んでもらいたいというのが、およそのコンセプトであった。内容を大いに気に入ってくださり、新書版を携えてパリを歩きまわりましたというメッセージも、かなりの方から頂戴することができた。

わたしはその後、ラブレーとモンテーニュの翻訳にかかりきりになったわけだが、そのモンテーニュが述べている。「わたしの書物は、つねにひとつなのである。ただし、新版を出すときには、それを買いにきたお客さまを手ぶらで帰してもいけないから、あえて、少しばかり余計な飾りを付け足すことにしている」（『エセー』三・九「空しさについて」）と。そこで、敬愛する『エセー』の作者の驥尾に付することを考えた。「青春のカルチエ・ラタン」という「飾り」を、中世・ルネサンスのパリ文学案内に見立てて巻末に添えたのである。ダンテ、エラスムス、ラブレーを引用しているから、収まりもいいと思う。

ところでわたしは、その後も、パリを幾度も訪れているものの、本書でふれたランドマークをじっくりと定点観測しているわけではない。もちろん、執筆のきっかけになったフィリップ・オーギュストの城壁跡など、偏愛の場所には足を運んでいる。たとえば、「擬態する城壁」で「近づいて石垣を子細に眺めれば、ここにも石工の十字マークが刻みこまれている」と紹介したリセ・シャルルマーニュ脇では、どうやら壁面を洗浄したらしく、マークがかすれていた。表面をきれいにすればいいわけではないのにと、非常に落胆した。反対に、「城壁のネガ」と書いたルーヴル通り一三番地の壁面は、きちんと保存されていた。ここはパリ遊歩における、お奨めの場所である。

また、友人からの情報によれば、「2　パサージュを渡り歩く」で発見した「ソルボンヌ小路」の表示も、残念ながら消えてしまったという。となれば、「4　まぼろしの公衆トイレを求めて」の二個所の旧式トイレ（サンテ刑務所横とミラボー駅そば）だって、消滅したにちがいない。だとすれば、逆に本書は「トイレという文化遺産」の貴重な記録として誇れるかもしれない。その「ランビュトーの円柱の進化論」の個所で写真を付した、「公衆トイレ＋広告塔」「公衆電話＋広告塔」という合体タイプもどうやら消えてしまったらしい。二

○年も経つのだから、消滅もやむをえないのかもしれぬ。郊外ハイキングぴったりの「印象派の散歩道」も、段々とさびれた感じになっていたけれど、現在はどうなのだろうか？

いずれにせよ、本書は二一世紀を迎える前後のパリとその周辺を歩きまわった物語なのであって、最新の知見で書き改めることはしていない。思い返せば、執筆時には「ウィキペディア」も存在せず、「ググる」という言葉もなかった。もっぱら書物からの知識と足でかせいだ情報に基づいて執筆したのである。写真もフィルムカメラで撮影していたのだから、隔世の感を禁じ得ない。要するに本書は、一時代前における、パリの時空間の探索記録なのである。ただし、文庫化にあたっては、何枚かの写真を追加したほか、新しく（デジカメで）撮影したものに差し替えたものもある。

新書版の「あとがき」には、「エミール・ゾラが、ひとつの参照の軸となっている。近代都市が抱えるさまざまな問題を、ゾラほど象徴的な形で小説に仕立てた作家はいないのでは」と書いたけれど、今でもこの気持ちに変わりはない。さいわいにも、その後、宮下志朗・小倉孝誠編《ゾラ・セレクション》（藤原書店）を刊行でき、小説のみならず評論・書簡も読めることになった。ほぼ同時期に、小田光雄氏の超人的な奮闘により《ルーゴン・マッカール叢書》シリーズ（論創社）も次々と出された。ゾラのライフワーク《ルーゴン・マッカール叢書》は全二〇巻からなるが、文庫版がある『居酒屋』などと合わせれば、翻訳で全二〇巻を読み通すという醍醐味を味わえる状況が出現したのだ。ゾラ愛好家としてはうれしいかぎりである。

最後になったが、このたび思いもかけず本書を忘却の淵から救い出し文庫版にしてくださったのは、講談社学術図書編集の原田美和子さんである。本当にありがとうございました。

文庫化によって生まれた新たな読者が、本書を手にパリを自由に歩きまわれる日の近いことを心から願いつつ。

二〇二〇年九月

宮下志朗

軒の書店」、宮下志朗・小野正嗣共編『世界文学への招待』放送大学教育振興会、2016年。「シェイクスピア書店」のシルヴィア・ビーチ、「本の友の家」のアドリエンヌ・モニエという二人の女性書店人・出版人の活動を通して、両大戦間のパリを描いた、放送大学（テレビ）の印刷教材。放送教材（＝番組）では、ロケ映像（ベンヤミンの住んでいた建物など）に接することができる。

・ロジェ・グルニエ『パリはわが町』宮下志朗訳、みすず書房、2016年。パリの通りを、その番地を手がかりとして、作家グルニエ（1919―2017）がさまざまな出会いや出来事を思い起こす。たとえば「市庁舎広場」では、グルニエも参加した1944年8月の「パリ解放」が語られるなど、生き証人としての記録としても重要だ。

3　パリ史に関しては、次の二つを挙げておく。

・高澤紀恵『近世パリに生きる――ソシアビリテと秩序』岩波書店、2008年。

・喜安朗『パリ――都市統治の近代』岩波新書、2009年。

【補遺】

本書の元版の刊行は2002年で、その後も「パリ本」は次々と現れているが、ここでは厳選した。

1　本書でふれた文学作品の新訳・初訳。

・『モーパッサン短篇選』高山鉄男編訳、岩波文庫、2002年 //『モーパッサン短篇集』山田登世子編訳、ちくま文庫、2009年。いずれも「首飾り」を収める。

・ゾラ『テレーズ・ラカン』、《ゾラ・セレクション1　初期名作集》宮下志朗訳、藤原書店、2004年、所収。本文でふれた短篇「猫たちの天国」の初訳も収める。

・ゾラ『ボヌール・デ・ダム百貨店』吉田典子訳、《ゾラ・セレクション5》、藤原書店、2004年。

・プルースト『失われた時を求めて』全14巻、吉川一義訳、岩波文庫、2010―2019年。

・ヘミングウェイ『移動祝祭日』高見浩訳、新潮文庫、2009年。

2　個性的な「パリ本」など

・木俣元一・芸術新潮編集部編『パリ　中世の美と出会う旅』新潮社、とんぼの本、2008年。カラー版なので、やはり綺麗。城壁めぐりもしている。郊外のシャルトル、サンリスなども掲載。

・鹿島茂『パリのパサージュ』平凡社、コロナ・ブックス、2008年。写真満載で、パリの「パサージュ」本の決定版だと思う。

・藤田一咲写真・文『PARIS PARIS』光村推古書院、2018年。写真集なのだが、古めかしいカフェやレストランなどとても愉しい。

・宮下志朗「文学のコスモポリタニズム――媒介者としての二

Tableau de Paris, 2 vol., Mercure de France（1994）から訳出した。

・『バルザック全集26　書簡集』、伊藤幸次・私市保彦訳、東京創元社、1976年。

・『ボードレール全詩集1　悪の華』阿部良雄訳、ちくま文庫、1998年。

・『ボードレール批評　2』阿部良雄訳、ちくま学芸文庫、1999年。

・『ランボー全詩集』平井啓之・湯浅博雄・中地義和訳、青土社、1994年。

・ランボオ『地獄の季節』粟津則雄訳、集英社文庫、1992年。「感覚」を引用。

・『モーパッサン全集』全3巻、春陽堂書店、1965/1966年。拙訳を用いた短篇もある。

・ゾラ『居酒屋』清水徹訳、《集英社ギャラリー、世界の文学7》集英社、1990年。

・ゾラ『ナナ』平岡篤頼訳、《世界の文学　新集22》、中央公論社、1968年。

・プルースト『失われた時を求めて』全10巻、井上究一郎訳、ちくま文庫、1992/1993年。

・『レーモン・ラディゲ全集』江口清訳、東京創元社、1976年。

・《世界紀行文学全集》「フランスⅠ」「フランスⅡ」修道社、1972/1971年。「日本人の見たフランス」の集大成として、興味深い。本書では、辰野隆「巴里の散策」から引用した。

3　写真集など

・D. Pellerin, *La photographie stéréoscopique,* B. N. F., 1995. 立体写真の展覧会カタログ。もちろん眼鏡付き。

・B. Ollier, *Robert Doisneau,* Hazan, 1996. ドワノーのぶあつい写真集。

・Cendrars/Doisneau, *La Banlieue de Paris,* Denoël, 1983. パリ郊外を写したドワノーの写真と、サンドラールの文章の組み合わせ。

・M. de Thézy, *Marville Paris,* Hazan, 1994. マルヴィルのぶあつい写真集。

・*Atget Paris,* Hazan, 1992. 大島洋さんが持ち歩いた、アジェのぶあつい写真集。

・『ウジェーヌ・アジェ回顧』淡交社、1998年。同年、東京都写真美術館で開催された回顧展のカタログ。

・谷川渥『形象と時間』講談社学術文庫、1998年。IX章「馬のエクリチュール」を参照。

・松浦寿輝『表象と倒錯』筑摩書房、2001年。連続写真「クロノフォトグラフィー」で有名なエティエンヌ＝ジュール・マレーを通じて、西洋近代の「表象」と「イメージ」のせめぎあいを考察。

・J＝H・マルレ（絵）、G・ド・ベルティエ・ド・ソヴィニー『タブロー・ド・パリ』鹿島茂訳・解題、新評論、1984年//藤原書店、1993年。バルザック時代のパリ風俗を「スナップショット」のような形で定着した石版画（リトグラフ）のかずかず。

4　文学のなかのパリ

本文で引用した翻訳は次のとおりだが、用字用語を中心にして書きあらためた部分があることをおことわりしておきたい。

・メルシエ『十八世紀パリ生活誌』上下、原宏編訳、岩波文庫、1989年。原著は膨大なもので、抄訳。これ以外は、側面もあるし、いい意味でのスノビズムにみちた、シックな雑誌。
・石井洋二郎『パリ』ちくま新書、1997年。「門をくぐる」「橋を渡る」といった章立てによって、象徴空間・歴史空間としてのパリを整理・解読する。
・小倉孝誠『19世紀フランス夢と創造』人文書院、1995年。挿絵入りの新聞《イリュストラシオン》を中心にすえて、フランス社会の変容を探った著作。その後、「光と闇の空間」編、「愛・恐怖・群衆」編も出た。
・B. Lemoine, *Les passages couverts en France,* diff. Picard, 1990. 本文で「パサージュの研究書」とある書物。フランス中のパサージュの総目録ともなっていて、全部踏破したい気分にさせられる。絶版らしいけれど、パリのパサージュの古書店に行くと飾ってあって、売ってくれる。
・ロジェ＝アンリ・ゲラン『トイレの文化史』大矢タカヤス訳、ちくま学芸文庫、1995年。パリのトイレの歴史。
・バーナード・デンヴァー編『素顔の印象派』末永照和訳、美術出版社、1991年。印象派をめぐる同時代の証言を、編年体で集成した便利な書物。
・宮下志朗『読書の首都パリ』みすず書房、1998年。「期待の地平をあけること」などのゾラ論、パリの貸本屋の話、新聞小説論など。
・―――「テクスト漫華鏡」(1)-(21)、『図書新聞』、1997-1998年。この連載のごく一部を本書に活用した。
・宮下志朗・小倉孝誠編《ゾラ・セレクション》全11巻、藤原書店。没後100周年を記念して、2002年末から刊行開始。パリを主題とした小説――ほとんどが未紹介――を中核にすえ、美術批評やジャーナリスチックな文章までも収めたシリーズ。

・鹿島茂『パリ時間旅行』筑摩書房、1993年。『テレーズ・ラカン』の舞台となったパサージュにもふれた「パリの時間隧道（すいどう）」、『マルヴィル写真集』（未刊）に寄せたという、幻の解説など［中公文庫、1999年］。
・堀江敏幸の本。なにげない——実はなにげなくないのだが——パリ郊外を書かせては、彼の右に出る者はいない。『郊外へ』（白水社、1995年）、『おぱらばん』（青土社、1998年［新潮文庫、2009年］）、『子午線を求めて』（思潮社、2000年［講談社文芸文庫、2019年］）等々。
・ユベール・ド・マクシミー『赤の文書』篠田勝英訳、白水社、2001年。中世末、フランソワ・ヴィヨンの少し前の時代のパリを舞台としたハードボイルド。探偵役の主人公の本職は、代書人。「町の西にはネールの塔がセーヌ河に迫り出している。向かいの右岸には、下流のほうに新しい城壁が200トワーズにわたって続いている。塔の下には旧式の巻き揚げ機があって、今でも日が落ちると河と交差する鎖を張る……」
・アーネスト・ヘミングウェイ『移動祝祭日』福田陸太郎訳、1964年、三笠書房//〈同時代ライブラリー〉、岩波書店、1990年。「もしきみが運良く、若い頃パリに住むことができたなら、残りの人生をどこですごそうと、パリはきみといっしょにいてくれる。だって、パリは移動祝祭日なのだから」というエピグラフで、読者はしびれてしまうにちがいない。パリ本の聖典といえよう。ヘミングウェイ学者による次のムックもおもしろい。
・今村楯夫『ヘミングウェイのパリ・ガイド』小学館、1998年。また毎年パリで夏期講座を教えているという、パリ・フリークのアメリカ人大学講師による次の本もある。
・N. R. Fitch, *Walks in Hemingway's Paris,* St. Martin's Press, 1989.
・《le visiteur》、パリ（1995-）。パリについて本を書いていると話したら、フランスの友人がくれた雑誌。フランス建築家協会が出しているものだけれど、「パリ路上観察」的な

・玉村豊男『パリ　旅の雑学ノート』2巻、ダイヤモンド社、1977-1978//新潮文庫、1983年。元祖、パリの考現学。むろん情報はひと昔前のものとなったが、逆にそれがおもしろかったりする。
・稲葉宏爾『ガイドブックにないパリ案内』TBSブリタニカ、1997年。著者はパリ在住のアート・ディレクター。タイトルが示すように、いわゆる名所旧跡案内ではなくて、パリの裏町などでおもしろいところを紹介してくれる。わが息子が通った小学校近くのカタローニュ広場や、毎日のように買い物にでかけたダゲール通りも出てくる。本書で紹介した居酒屋〈バロン・ルージュ〉もちらりと顔を出す。
・島田紀夫『セーヌの印象派』小学館、1996年。印象派や黒田清輝の絵の風景を歩くムック本。

2　パリ論など

・喜安朗『パリの聖月曜日』平凡社、1982年。19世紀の民衆のいきざまを活写して、社会史ブームの火付け役ともなった名著［岩波現代文庫、2008年］。
・北山晴一『美食と革命――十九世紀パリの原風景』三省堂、1985年//朝日新聞社、《『美食の社会史』朝日選書》、1991年。《食欲の生理学（フィジオロジー）》というフランス語の副題が付いている。対をなす『おしゃれと権力』とともに必読。
・大島洋『アジェのパリ』みすず書房、1998年。著名な写真家が、ぶあつくて重い写真集《Atget Paris》を手にして、パリ中を歩きまわった記録。写真のプロならではの眼差しが随所に読みとれて、興味がつきない。パリ長期滞在者は、手元に置くべし［新装版、2016年］。
・山田登世子『リゾート世紀末』筑摩書房、1998年。19世紀末におけるパリ郊外の水辺というトポスが、多くの図版をまじえて興味深く論じられている。

史について、詳細に跡づけた労作で、第5章で『パリ道路歴史事典』として紹介した。彼の功績を記念して、最近12区のメトロMontgallet駅近くに、〈ジャック・イレレ通り〉が生まれた。

- ジャン=ロベール・ピット編『パリ歴史地図』木村尚三郎監訳、東京書籍、2000年。ぱらぱらとページをめくりながら読んでいると、時間のたつのを忘れる本。編者は、著名な地理学者。
- D. Chadych/D. Leborgne, *Atlas de Paris—Evolution d'un paysage urbain,* Parigramme, 1999. これもパリの歴史を地図によって語らせる趣向の、じつに優れた著作。カラー写真も多くて、愉しい。翻訳にあたいするのでは。
- ミシュラン『パリ　第2版』(ミシュラン・グリーンガイド)、実業之日本社、1994年。よく読むとたいていのことが書いてあったりして、びっくりする。
- *Let's Go Paris,* N. Y., St. Martin's Presse, 1998. エンターテインメント情報がおもしろい。たとえばジャズクラブだと、〈New Morning〉ではどの席が音がいいかとか、〈Le Petit Journal Montparnasse〉は「裕福で、年取った客に人気のクラブ」などと書いてある。ゲイ・カルチャーにも配慮、そして「パリでドラッグやると《ミッドナイト・エクスプレス》だぞ」とあったりする。インターネットのサイト情報も紹介。
- A. Joanne, *Le guide Parisien,* Hachette, 1863. いわゆる「ブルーガイド」。
- A. Joanne, *Paris-Diamant,* Hachette, 1867. 本文で紹介した『パリ=ディアマン』。古書価は150フランであった。
- *Le nouveau conducteur de l'Etranger à Paris,* J. Moronval, 1836 (18éd). 本文で『外国人のための新パリ案内』とあるガイドブック。初版が19世紀初めに出され、大いに人気を博したらしい。『真版　外国人のためのパリ案内』などという類似本も世にはびこり、裁判沙汰になっている。

個性的なパリ本を厳選する

パリを論じた本は山ほどある。ここでは本書の内容と、多少とも関わりのあるものにかぎった。引用文献も含まれている。[　　]は、本文庫版に際しての、出版情報の加筆である。

1　地図、事典、ガイドブックなど

・*Plan de Paris,* Michelin. おなじみ、ミシュランのパリの地図。縮尺は1：10000、つまり1センチメートルが100メートルとなっている。もちろん他にも、いろいろなパリの地図がある。たとえば……

・*Paris. Plan piéton et cycliste,* Media Cartes. ミシュランはタイヤ会社だから、ガソリンスタンドにマークが付いているけれど、こちらの地図は対照的。散歩道や歩行者天国、サイクリング・ロード、バスケット・コート、ジム、映画館、図書館などがすぐ分かるようになっていて、好ましい。キャッチフレーズは「歩きと自転車で見つけるパリ」である。売れているかどうかまでは不明。

・A・フィエロ『パリ歴史事典』鹿島茂監訳、白水社、2000年。パリの街の歴史や大小のモニュメントに関心ある読者は、座右に置かれたい。本書に関連する項目を拾っていっても、「アルルカン」「ヴェスパジエンヌ」「環状鉄道」「屑屋」「月曜日」「公衆トイレ」「城壁」「洗濯屋」「徴税請負人の城壁」「辻馬車」などきりがない。本書では、この事典の記述との重複をなるべく避けるようにつとめたので、ぜひ参照していただきたい。[普及版、2011年]

・A. Franklin, *Dictionnaire historique des arts, métiers et professions exercés dans Paris,* H. Welter, 1906. フィエロの師匠格というわけでもないが、パリの職業について、中世からの情報が満載。

・J. Hillairet, *Dictionnaire historique des rues de Paris,* 2 vol. et suppl., Ed. du Minuit, 1963/1972. パリの各通りの歴

写真協力：篠田勝英、石割菜穂

本書は、二〇〇二年に刊行された講談社現代新書『パリ歴史探偵術』を改題、
一部写真追加、差し替え、加筆修正したものです。

宮下志朗（みやした　しろう）

1947年，東京都生まれ。東京大学大学院人文科学研究科修士課程修了。東京大学・放送大学名誉教授。専門はフランス文学・書物の文化史。著書に『本の都市リヨン』『ラブレー周遊記』『読書の首都パリ』『書物史のために』『神をも騙す』など。訳書にラブレー『ガルガンチュアとパンタグリュエル』（全五巻），モンテーニュ『エセー』（全七巻）など。

定価はカバーに表示してあります。

パリ歴史探偵（れきしたんてい）

宮下志朗（みやしたしろう）

2020年12月9日　第1刷発行

発行者　渡瀬昌彦
発行所　株式会社講談社
東京都文京区音羽 2-12-21 〒112-8001
電話　編集（03）5395-3512
販売（03）5395-4415
業務（03）5395-3615
装　幀　蟹江征治
印　刷　株式会社廣済堂
製　本　株式会社国宝社
本文データ制作　講談社デジタル製作

ISBN978-4-06-522043-6

「講談社学術文庫」の刊行に当たって

これは、学術をポケットに入れることをモットーとして生まれた文庫である。学術は少年の心を養い、成年の心を満たす。その学術がポケットにはいる形で、万人のものになることは、生涯教育をうたう現代の理想である。

こうした考え方は、学術を巨大な城のように見る世間の常識に反するかもしれない。また、一部の人たちからは、学術の権威をおとすものと非難されるかもしれない。しかし、それはいずれも学術の新しい在り方を解しないものといわざるをえない。

学術は、まず魔術への挑戦から始まった。やがて、いわゆる常識をつぎつぎに改めていった。学術の権威は、幾百年、幾千年にわたる、苦しい戦いの成果である。こうしてきずきあげられた城が、一見して近づきがたいものにうつるのは、そのためである。しかし、学術の権威を、その形の上だけで判断してはならない。その生成のあとをかえりみれば、その根は常に人々の生活の中にあった。学術が大きな力たりうるのはそのためであって、生活をはなれた学術は、どこにもない。

開かれた社会といわれる現代にとって、これはまったく自明である。生活と学術との間に、もし距離があるとすれば、何をおいてもこれを埋めねばならない。もしこの距離が形の上の迷信からきているとすれば、その迷信をうち破らねばならぬ。

学術文庫は、内外の迷信を打破し、学術のために新しい天地をひらく意図をもって生まれた。文庫という小さい形と、学術という壮大な城とが、完全に両立するためには、なおいくらかの時を必要とするであろう。しかし、学術をポケットにした社会が、人間の生活にとってより豊かな社会であることは、たしかである。そうした社会の実現のために、文庫の世界に新しいジャンルを加えることができれば幸いである。

一九七六年六月

野間省一